KB236314

클래식을 사랑하는 당신에게

클래식을 사랑하는 당신에게

일러두기

• 외국 인명, 지명은 국문을 우선으로 했으며, 국립 국어원의 외래어 표기법을 따르되 필요한
  경우 영문명을 병기했다. 또한, 몇몇 경우는 관용적 표기를 따랐다.
• 작품명은 겹낫표(『 』), 곡명은 홑낫표(「 」), 도서는 겹꺾쇠표(《 》), 시·신문·잡지·웹진·영화·
  전시·강연·방송 프로그램 등은 홑꺾쇠표(〈 〉)로 표기했다.
• 외국 앨범 및 곡명은 통용되는 제목을 따르되, 병용되는 제목은 저자의 해석에 따랐다.

클래식을 사랑하는 당신에게

최영옥 저

태림스코어

<u>음악은 '힘'이었다.</u>

3년 전, 세상이 전염병으로 속절없이 흔들리고 있을 때 '음악이 힘일 수 있다면' 하는 마음을 담은 책을 냈다. 이제 시간이 흘러 정말 다행히도 우리는 일상을 되찾아 가고 있고, 그 암울했던 기억들도 지나간 시간으로 밀어낼 수 있게 되었다.

얼마 전 피아노 대여를 하는 지인이 올해 그간 하지 못했던 문화예술 축제가 폭발하면서 피아노 대여 문의가 폭증한다며 '신나는 비명'을 지르는 걸 보았다. 요청 물량이 많아 피아노 공급은 어렵겠지만, 그 상황을 듣는 나는 흐뭇했다. 사람들의 마음에 이제 여유가 생긴 것이 반가워서이다.

덕분에 나도 이러한 얘기를 내놓아도 괜찮지 않을까 하는 용기가 생겼다. 그 용기를 음악사 속 많은 거장들의 선율로 풀어놓으며 고취시켰다. 이 책에서는 그러한 예술혼들의 음악과 이야기가 담겨 있다. 또한,

설명된 음악을 직접 경험할 수 있도록 CD와 DVD를 추천했고, 유튜브로도 연결해 놓았으니 '클래식이 처음'이거나 친해지고 싶은 이들에게도 편안한 안내서가 되리라 생각한다.

원고 정리를 하면서 개인적으로 많이 행복했다. 설명하고 다시 되새겨보는 음악들 속에 지나 간 시간 속 추억들이 함께 떠올랐고, 그때의 감정, 느낌, 심지어 그 순간의 내음까지 선명하게 펼쳐졌기 때문이다. 아마 그 감정을 되새기는 시간도 훗날 이 음악들 속에서 다시 떠오를 것이니 음악은 결국 내 시간들의 앨범인 것이다.

그리고…. 이 작업을 하는 동안 아버지가 하늘나라로 가셨다. 내게 아버지는 나를 세상에 태어나게 하신 분이기도 하지만, 어린 나에게 동화책을 읽어 주고, 피아노를 가르쳤으며, 예술학교로 보내 남다른 귀한 길을 열어 주신 분이다. 파바로티를 좋아하고, 후안 디에고 플로레스에 감탄하시며, 병마에 시달리던 중에도 이들의 음악에 기뻐하셨던 분. 그런 아버지가 하늘나라에서 평안하시기를 기도한다. 사랑하고 감사했다는 말도 함께….

3년 전 '음악에서 힘을 얻을 수 있을까?'라며 질문을 던졌다면, 이제 자신 있게 이야기할 수 있다. 음악은 힘이 있고, 또 강하다고. 그것을 증명해 보인 거장들의 이야기와 음악들로 독자들이 힘을 내고 위로 받을 수 있다면 '나'라는 사람이 할 수 있는 최선의 선사라 생각하며 이 책의 마지막 페이지를 끝낸다.

늘 힘이 되어주고 위안과 격려를 아끼지 않는 고마운 분들에게 감사의 마음을 전한다. 특히 이 책의 시작이 되었던 〈매경 이코노미〉와 어려운 시기에도 뚝심 있게 출판을 밀어부친 출판사 대표님, 태림스코어 현석호 이사님과 스코어 식구들에게 큰 감사의 마음을 전한다. 아무것도 아닌 나의 유일한 빽인 하나님께도 감사드리고, 가족들, 그리고 하늘에서 지켜보실 아버지, 클래식음악을 좋아하는 분들에게도 깊은 감사와 사랑을 보내며, 또 하나의 책을 세상에 내보내는 설레임을 맺는다.

　이제는 모두가 행복하길!

2023년 겨울
최 영 옥

1장

클래식을 사랑하는 당신에게

거장의 메시지

모차르트 - 교향곡 40번 / 모차르트 - 피아노 협주곡 23번 / 모차르트 - 클라리넷 협주곡 A장조 /

베토벤 - 엘리제를 위하여 / 베토벤 - 피아노 소나타 '월광' / 베토벤 - 교향곡 3번 '영웅' /

베토벤 - 교향곡 6번 '전원' / 베토벤 - 교향곡 7번 / 베토벤 - 교향곡 9번 '합창' /

차이콥스키 - 백조의 호수 / 차이콥스키 - 사계 중 '크리스마스' / 차이콥스키 - 바이올린 협주곡 D장조

밝음인가, 슬픔인가, 그 알쏭달쏭한 양면성의 매력

모차르트
교향곡 40번

하이든, 모차르트, 베토벤, 이 세 명은 클래식 음악사에서 고전파 시대를 이끈 주역들이다. 오스트리아 빈을 중심으로 활동하며 고전파 음악을 꽃피웠던 이들은 각각 서로 다른 개성과 음악 세계를 가졌으면서도 서로 유기적으로 묶여 있는 존재들이다. 이를테면 하이든이 친절하고 성실한 큰 형이라면, 모차르트는 말썽 많고 톡톡 튀는 상냥한 재주꾼 둘째, 베토벤은 가장 강직하고 카리스마 넘치는 막내이다.

그러다 보니 이들의 음악 세계도 이러한 자신들의 특징과 닮은꼴이다. 따스하고 긍정적인 느낌의 하이든, '천상의 소리'라고 불릴 만큼 반짝반짝 빛나는 아름다움의 모차르트, 인간 고뇌와 영혼의 치열한 정신 세계를 펼쳐 보이는 베토벤의 선민選民 음악이다. 그야말로 딱 맞게 정리하고 있는 듯한데, 의외로 클래식 입문 강의를 할 때 가장 많이 받는 질문 중 하나가 모차르트 음악의 느낌에 관한 것이다. 모차르트 음악은 아름답고 밝은 느낌이 대부분이라고 하는데 맞느냐는 것, 반면 슬픈 느낌은 없느냐는 것이다.

학자들 중에는 밝고 영롱한 모차르트 선율 저변에 깔린 깊은 슬픔을 읽을 수 있어야 그의 음악을 제대로 이해한 것이라 주장하는 이들이 있긴 하다. 하지만, 개인적으로 모차르트의 음악을 굳이 슬픔으로 이어야 할까 하는 생각이 있다. 물론 그의 음악이 모두 다 밝은 것은 당연히 아니다. 혹은 밝아 보이는데 분명 아련해지는 마음이 드는 음악도 있다. 「눈물의 날」로 끝나는 그의 미완성 유작 『레퀴엠』도 있다.

모차르트의 음악에서 쉽사리 슬픔을 느끼기 어려운 것은 대부분의 작품들이 장조이기 때문일 것이다. 그의 음악에서 보기 드물게 단조를 사용했다 해서 '애잔함'으로 대변되는 교향곡이 있다. 『교향곡 25번』과 『교향곡 40번』이다. 둘 다 g단조를 택하고 있어서 『교향곡 25번』은 '작은 g단조 교향곡', 『교향곡 40번』은 '큰 g단조 교향곡'이라고 불리기도 한다. 여기에 최근 재발견된 『오덴세 교향곡』이 포함된다.

이 중에서 가장 널리 사랑받는 작품이 『교향곡 40번 K.550』이다. 모차르트는 모두 41곡의 교향곡을 남겼는데 마지막 39번, 40번, 41번이 가장 뛰어난 교향곡으로 꼽혀서 이 세 곡을 '최후의 3대 교향곡'으로 불린다. 1788년 6월부터 8월에 이르는 짧은 시기에 작곡한 『교향곡 40번』은 이 최후의 3대 교향곡 중 가장 격정적이고 낭만적인 작품으로 손꼽힌다. 모차르트 사후 2년이던 1793년 빈의 악보상인 요한 트렉에 의해 출판될 당시 '거장의 마지막 교향곡들 중 하나이며 가장 아름다운 작품'이라는 문구로 홍보될 만큼 관습에서 벗어난 독창성, 반음계적 표현, 풍부한 아이디어가 넘치는 걸작이다.

특히 1악장에서 서주 없이 곧바로 등장하는 바이올린과 비올라의 주제 선율은 이른바 '한숨의 동기'로 불리면서 그 독특함을 자랑한다. 서주부 없이 곧바로 주제를 들려주는 이러한 기법은 훗날 낭만주의 시대로 이어져 멘델스존의 바이올린 협주곡이나 라흐마니노프의 『피아노 협주곡 3번』 등에서 만나게 된다. 이어지는 바이올린과 목관의 두 번째 주제는 서정적이고 평화로운 느낌으로 펼쳐지지만 언뜻언뜻 슬픔과 불안의 정조가 보인다. 마치 겉으로는 애써 슬픔을 지우고 있지만 마음속은 격정으로 요동치는 듯하다.

그런 오묘한 매력 때문인지 베토벤은 특히 이 작품에 정통했던 것으로 유명하다. 실제로 그는 『교향곡 40번』의 29소절을 메모해 놓았고, 마지막 악장의 주제부를 『교향곡 5번』 3악장의 아이디어로 쓰기도 했다. 흥미로운 것은 이 『교향곡 40번』은 두 개의 서로 다른 버전이 있다는 것이다. 1788년 완성된 오리지널 악보에는 클라리넷이 편성되지 않았고, 1791년 빈에서 살리에리의 지휘로 초연되었을 때는 한 쌍의 클라리넷이 추가된 새 악보로 연주되었다. 모차르트가 클라리넷을 유독 사랑했던 것은 유명한 사실이다. 그러한 '클라리넷 사랑' 탓에 모차르트는 애초에 넣지 않았던 클라리넷을 새로 고치면서 굳이 『교향곡 40번』에 집어 넣었고, 덕분에 클라리넷이 있는 판과 없는 판 두 가지가 존재하게 된 것이다.

『교향곡 40번』은 대중 매체에서도 종종 리메이크할 정도로 친숙해하는 곡이기도 하다. 샹송 가수 실비 바르탕이 「친애하는 모차르트」라는 곡을 만들어 부른 것이 대표적이다. 모차르트에게서 샹송의 느낌이라니….

바로 그것이다. 모차르트 음악의 다양한 얼굴. 이것인가 하면 저것 같고, 저것인가 하면 이것 같기만 한, 그러니 기쁘게 웃다가도 웃음 뒤에 설핏 비치는 눈물 맺힘, 그래서 더 오묘한 속내인 '무엇'인 것이다.

CD
- 칼 뵘 지휘, 빈 필하모닉 오케스트라 / *DG*
- 아르농쿠르 지휘, 로열 콘세르헤보 오케스트라 / *Apex*
- 브루노 발터 지휘, 뉴욕 필하모닉 / *sony*
- 존 엘리어트 가디너 지휘, 잉글리시 바로크 솔로이스츠 / *Philips*
- 카라얀 지휘, 베를린 필하모닉 오케스트라 / *DG*

DVD
- 아르농쿠르 지휘, 빈 필하모닉 오케스트라 / *DG*
- 리카르도 무티 지휘, 빈 필하모닉 오케스트라 / *PHILIPS*
- 브리튼 지휘, 잉글리쉬 챔버 오케스트라 / *ica Classics*

올리버와 제니가 사랑한, 그리고 스탈린의 위안이던

모차르트
피아노 협주곡 23번

모차르트 피아노 협주곡을 좋아한다는 사람을 만났다. 모차르트 피아노 협주곡이라면 대부분 21번을 떠올릴 텐데 그는 단호하게 말했다. 23번 A장조라고. 모차르트 『피아노 협주곡 23번 KV.488』은 모차르트 피아노 협주곡 중에서 '가장 모차르트적'이라고 평가받는 곡이다. 우아하면서도 단순 명쾌한 구성, 재기 발랄함 속에 빛나는 애잔함 등이 매력이며, 그 가운데서도 특히 거의 한 옥타브씩 널을 뛰어 무려 세 옥타브나 도약하는 2악장의 도발은 가히 최고의 도발이다.

독주자를 위해 흔히 비워놓는 카덴차(작품 말미에서 연주가의 기교를 보여 주기 위한 화려한 솔로 연주 부분)까지도 모차르트가 빼곡히 채워 놓아 그가 꿈꾸던 완결 미를 맛보는 재미도 만만치 않다. 특히 베토벤의 『피아노 협주곡 4번』의 중요한 모티브가 되어 마치 형제

작품처럼 유사성이 남다른 작품이라는 점도 빼놓을 수 없다. 모차르트로서는 드물게 어둡고 우울한 주제가 특유의 서정성 속에 도드라지는 2악장은 왜 베토벤이 이 곡을 선택했는지 이해하게 한다. '모차르트의 밝음 밑바닥에 깔려 있는 아련한 슬픔을 느끼지 못한다면 모차르트를 이해한 것이 아니다.'라고 말한 학자가 있다. 맑고 투명함 속에 잔물결 치듯 떠오르는 애잔한 슬픔의 미학, 그것이 23번의 매력이고, 한 번 들으면 쉽게 헤어나지 못할 마약 같은 중독성의 음악이다.

  때로 그런 생각을 한다. 그가 현시대에 살아있다면 아마 가장 많은 영화 감독들이 찾는 작곡가이지 않았을까? 35년이라는 짧은 생을 살고 간 그의 음악들이 많은 영화들에서 저마다의 매력을 발휘하고 있는 걸 보면 그렇다. 앞에서 『피아노 협주곡 21번』을 먼저 떠올린 이유는 그 유명한 보 비더버그 감독의 1967년작 〈엘비라 마디간〉 때문이지만 『피아노 협주곡 23번』의 경우도 떠올릴 영화는 있다. 아더 힐러 감독의 1970년작 〈러브 스토리〉는 모차르트와 바흐, 비틀즈를 좋아했던 23세에 세상을 떠난 여자 제니, 그 여자를 사랑하는 올리버의 아름답고 슬픈 사랑 이야기이다. 병마로 핼쑥한 제니가 올리버의 품에 안겨 묻는다. "모차르트 『피아노 협주곡 A장조』가 몇 번이지?" 알아봐 주겠다는 올리버에게 제니가 체념하며 말한다. "전엔 다 알았는데… 내가 왜 이렇지?". 그 A장조가 바로 『피아노 협주곡 23번』이다. 니키타 미할코프 감독의 1998년작 〈러브 오브 시베리아〉에도 이 곡이 흐른다. 여기서는 2악장이다. 원작 명이 〈시베리아의 이발사〉인 것을 보더라도 『피가로의 결혼』, 『세비야의 이발사』의 러시아 편이라 할 수 있는 이 작품에서 모차르트는 단연 빛난다. 피아노 협주곡만

해도 20번, 21번, 23번이 모두 나오니 말이다. 모차르트나 로시니의 작품에서 피가로가 자신을 분노하게 한 귀족들을 뛰어난 기지로 골려주지만, 〈시베리아의 이발사〉의 피가로인 주인공 안드레이는 그 부패한 무리들에게 상처 입고 파멸하는 존재라는 점이 상반되는 영화다. 어쩌면 모차르트의 심중이 가장 맞아떨어진 영화 속 삽입이었을 듯하다.

이 곡은 또 스탈린이 유독 애지중지했던 곡으로 유명하다. 솔로몬 볼코프의 《쇼스타코비치의 증언》에 의하면 어느 날 라디오에서 들은 모차르트 『피아노 협주곡 23번』과 그것을 연주한 마리아 유디나에게 흠뻑 빠지게 된다. 마리아 유디나는 '강철 손가락'으로 불리는 러시아의 여걸 피아니스트이다. 스탈린은 당장 그녀가 연주한 모차르트 음반을 가져오라고 명했는데, 문제는 스탈린이 라디오에서 들었던 것은 음반이 아니고 실황 연주였던 것이다. 옛 소련의 독재자이던 스탈린에게 그 누구도 유디나의 음반이 없다는 말은 할 수 없었다. 결국 한밤중에 지휘자와 오케스트라, 유디나가 소집되어 극비리에 녹음을 했고, 다음 날 아침 스탈린에게 배달되었다. 당연히 단 한 장의 음반으로 말이다.

그렇게 무소불위의 권력을 휘두르던 스탈린은 1953년 도처에 미로가 첩첩으로 낄린 별장에서 의문의 죽음을 맞았다. 그 옆에서 그의 마지막을 지킨 것이 바로 유디나의 이 모차르트 음반이었다고 한다. 아이러니는 스탈린의 지극한 애정에도 불구하고 정작 유디나는 최후까지 스탈린을 경멸했다고 한다. 하긴 모차르트도 자신의 음악이 수백만 명의 처형과 유배 등의 중심이던 독재자에게 위로가 되었다고 하면 무조건 기쁘지는 않을 것 같다.

『피아노 협주곡 23번』 예찬론자의 얘기를 옆에서 듣고 있던 이가

『피아노 협주곡 20번』도 좋다고 한마디 건넨다. 영화 〈아마데우스〉의 마지막 장면에 나오는 『피아노 협주곡 20번』 2악장을 잊을 수 없다는 것이다. 모차르트 음악에 아름답지 않은 것이 어디 있으랴. 그 멋진 존재가 우리 곁에 잠시나마 있어 주었단 것에 그저 고마울 뿐이다.

CD

- 폴리니, 칼 뵘 지휘, 비엔나 필하모닉 오케스트라 / *DG*
- 굴다, 아르농쿠르 지휘, 로열 콘세르트허바우 오케스트라 / *Warner Classics*
- 캠프, 라이트너 지휘, 베를린 필하모닉 오케스트라 / *DG*
- 호로비츠, 줄리니 지휘, 라 스칼라 오케스트라 / *DG*
- 브렌델, 마리너 지휘, 아카데미 실내 관현악단 / *PHILIPS*
- 제르킨, 아바도 지휘, 런던 심포니 오케스트라 / *DG*

DVD

- 프레슬러, 예르비 지휘, 파리 관현악단 / *EuroArts*
- 타로, 라바비 지휘, 비올롱 뒤 로이와 / *ERATO*
- 부흐빈더 피아노 & 지휘, 빈 필하모닉 오케스트라 / *euroarts*

현실에서 들어 올려져 우아하게 날아오르는 체험

모차르트
클라리넷 협주곡 A장조

한국 클래식 음악가들의 세계 무대에서의 활약은 이제 더이상 강조할 것도 아니지만, 상대적으로 약세였던 관악기 분야도 점차 두드러지고 있다. 특히, 세계 콩쿠르에서 좋은 소식을 갖고 오는 클라리넷 연주자들이 눈에 많이 띈다. 좋은 클라리넷 연주자들이 많아진다는 건 좋은 클라리넷 연주를 들을 기회가 많아진다는 얘기인데, 클라리넷 곡으로 가장 많은 이들이 좋아하는 곡이 아무래도 모차르트의 협주곡이 아닐까 싶다. 그의 유일한 클라리넷 협주곡이며 마지막 협주곡으로 꼽히는 『클라리넷 협주곡 A장조 K.622』이다. 너무나 널리 알려져 있는 명곡인 데다 워낙 뛰어난 연주들이 있는 곡이라 웬만큼 뛰어난 연주가 아니고서는 듣는 이의 귀를 만족시키기 어려운 곡이기도 하다.

모차르트의 이 곡은 유명세만큼이나 많은 후일담들도 따른다. 그중 대표적인 세 가지가 카라얀과 칼 라이스터, 자비네 마이어의 〈아웃 오브 아프리카〉이다. 첫 번째는 카라얀과 라이스터의 이야기이다. 어느 날, 카라얀은 자신이 아끼던 베를린 필하모닉의 수석 클라리넷 주자 라이스터에게 모차르트 녹음을 제안한다. 클라리넷 협주곡의 명곡이니 라이스터 입장에서는 당연히 받아들였다. 그런데, 카라얀이 녹음 장소로 정한 곳이 라이스터를 깜짝 놀라게 했다. 카라얀이 선택한 모차르트 녹음지는 스위스의 산꼭대기에 있는 교회였던 것이다. 고산지대에서, 더구나 입으로 부는 악기인 클라리넷 협주곡을 녹음하겠다니, 라이스터는 황당할 수밖에 없었다.

이것이 끝이 아니었다. 카라얀은 라이스터가 연주할 위치를 목사의 설교 단상으로 지목했다. 그렇게 되면 라이스터는 오케스트라의 뒤에 서서 연주를 하게 되는 것이고, 게다가 홀로 우뚝 서서 협연을 하게 되는 것이었다. 오케스트라의 연주가 들릴지조차 의심되는 상황에서 황망해 하는 라이스터에게 카라얀은 이렇게 말했다고 한다. '이 곡은 하늘에서 울려오는 듯이 연주해야 참 맛이다.' 라고 말이다.

결과는 어땠을까? 연주를 하면서 라이스터는 카라얀이 왜 산꼭대기의 교회를 선택했는지 절절히 느꼈다고 후에 술회한 바 있다. 모차르트의 『클라리넷 협주곡 A장조』는 그대로가 천상의 소리였기 때문에 가급적 하늘과 가까운 쪽에서 연주하니 말 그대로 그 느낌이 스스로가 감동적일 정도로 차오르더라는 것이다.

두 번째는 자비네 마이어의 이야기다. 1982년 베를린 필하모닉을 이끌던 마에스트로 카라얀은 100여 년간 금녀禁女의 악단이던 베를린 필하모닉에 최초의 여성 단원을 선발한다. 당시 23세에 불과하던 젊은 클라리네티스트 자비네 마이어가 바로 그 주인공이다. 그렇지 않아도 서로 으르렁거리던 카라얀과 베를린 필하모닉 사이에서 이 역사적인 파격이 조용히 지나갈 리 만무했다. 그야말로 '2차 세계 대전 때 난리는 난리도 아닌' 난리가 일어났다. 단원들은 마이어의 이런저런 부분을 지적하며 반대를 하고 나섰고, 그럼에도 불구하고 카라얀이 밀어붙이자 결국 은근히 따돌림을(의자를 치워버린다거나 고의로 스케줄을 알려주지 않는다거나) 하는 실력 행사에 들어간 것이다.

결국 9개월 만에 마이어의 항복을 받아냈고, 그 결과 카라얀과 단원들 사이는 틀어질 대로 틀어지고 말아 분노한 카라얀은 잘츠부르크 성령강림절 축제에 전통적으로 등장했던 베를린 필하모닉 대신 빈 필하모닉을 부르는 초강수를 두었다. 이에 맞서 베를린 필하모닉 단원들은 카라얀의 종신 지휘자 자리를 다시 고려해야 한다고 목소리를 높였다.

아이러니한 것은 마이어 퇴출의 가장 선두에 서서 목소리를 높인 인물이 역시 카라얀에 의해 발탁되고 큰 신임을 얻었던 라이스터였다. 카라얀 입장에서는 믿는 도끼에 발등을 찍힌 기분이었지만, 자신에게만 주어지던 애정이 옮겨가는 걸 인정할 수 없었던 라이스터의 애증 또한 이해가 가기도 하는 내목이나.

어쨌든 이후 자비네 마이어의 행적을 주목할 필요가 있다. 카라얀이 지목한 클라리네티스트, 베를린 필하모닉과의 충돌로 당시 음악계 최대의 이슈 메이커로 급부상한 마이어는 뛰어난 미모까지 더해 음악계의 뜨거운 주목을 받게 되었고, 당당히 솔리스트로 성공했다. 그녀가 연주한 모차르트 『클라리넷 협주곡 A장조』가 바로 시드니 폴락 감독의 1985년작 〈아웃 오브 아프리카〉에서의 2악장 선율이다. 많은 이들은 로버트 레드포드와 메릴 스트립이 주연한 영화 속에서 두 사람이 광활한 아프리카의 하늘을 손을 잡고 함께 비행하기도 하고, 메릴 스트립의 머리를 감아주는 장면에서 흐르던 클라리넷의 몽롱하면서도 꿈결 같던 선율을 기억할 것이다. 덕분에 마치 원래부터 존재하던 〈아웃 오브 아프리카〉의 음악인 듯 여겨질 정도이다.

모차르트가 빈 궁정악단의 클라리네티스트 안톤 슈타들러를 위해 작곡한 클라리넷 협주곡은 본래는 일반 클라리넷보다 한 옥타브 더 낮은 음까지 연주할 수 있는 바셋 클라리넷을 위한 곡이다. 하지만, 이후에 나온 여러 악보가 일반 클라리넷을 위해 조옮김 해 출판했기 때문에 오리지널 작품의 연주가 일반화되기까지는 오랜 시간이 걸렸다. 그 과정에 기여한 사람이 바로 마이어인 것이다. 때문에 마이어의 이 곡 연주는 특히 부드러우면서도 깊은 아련함이 남다르게 다가온다.

안타까운 것은 이 곡의 악보에 모차르트의 서명이 들어간 자필 악보가 없어 원작자가 누구냐에 대한 논란이 존재한다는 점이다. 때문에 정확한 작곡 날짜도 모호한 상황이지만, 모차르트 자신이 작품 목록에 써넣은 기록을 통해 1791년 9월 28일에서 11월 15일 사이에 친한 친구이자 프리메이슨 단원으로 함께 했던 안톤에게 헌정한 것으로 짐작할 뿐이다. 혹자는 모차르트의 누이 마리아 안나(난네르)의 곡이라는 주장도 있는 상황이다. 모차르트 남매가 서로의 곡을 공유했고, 모차르트 자신도 누이의 곡에 자신의 이름을 붙였던 전력을 상기하면 충분히 있을 수 있는 추측이기도 하다.

하지만 그럼에도 불구하고 가장 중요한 건 모차르트『클라리넷 협주곡 A장조』는 그 어떤 클라리넷 협주곡도 대적할 수 없는 아름다움이다.

모차르트 특유의 맑고 투명한 선율에 클라리넷의 풍부하고 따스한 음색이 곁들여지면서 퍼져나오는 비할 수 없는 아름다움은 듣는 이를 현실에서 들어 올려 우아하게 날아오르는 체험을 선사한다. 클라리넷 연주자들이 그토록 아끼고 사랑하면서도 가장 두려워하는 곡이 된 이유이다.

CD
· 칼 라이스터, 카라얀 지휘, 베를린 필하모닉 오케스트라 / *EMI Classics*
· 레오폴트 블라흐, 로진스키 지휘, 빈 슈타츠오퍼 관현악단 / *Westminster*
· 자크 랑슬로, 장 프랑소와 파야르 지휘, 파야르 체임버 / *Erato*
· 찰스 나이디히, 오르페우스 체임버 오케스트라 / *DG*
· 자비네 마이어, 한스 펑크 지휘, 드레스덴 슈타츠카펠레 / *EMI*
· 자비네 마이어, 아바도 지휘, 베를린 필하모닉 오케스트라 / 워너뮤직(*WEA*)
· 앤드류 마리너, 네빌 마리너 지휘, 세인트 마틴 아카데미 인 더 필즈 / *Pentatone*

DVD
· 슈미들, 번스타인 지휘, 빈 필하모닉 오케스트라 / *EuroArts*
· 마테우즈, 빈센쵸 파치 지휘, 라 페니체 극장 오케스트라 / *Dynamic*

고독한 거장의 사랑, 그녀는 누구인가?
베토벤
엘리제를 위하여

캐나다 피겨 스케이팅의 황금기를 이끌며 '살아있는 피겨 전설'로 불리는 커트 브라우닝이 우리나라의 피겨 스타 김연아에 대해 '김연아와의 시대 공유는 행운이며 영광'이라고 존경의 뜻을 표했다는 기사를 읽고 기분이 좋았던 일이 있다. 김연아라는 최고의 스타 덕분에 한국인들은 이제 피겨스케이팅 경기 룰에도 정통하게 되었다. 더블 악셀, 트리플 악셀, 스파이럴 같은 전문 피겨 용어들이 전혀 생소하지 않고 친숙할 정도이니 말이다.

한국의 클래식 음악 수준에 대해 전 세계가 주목하고 있는 때다. 대체 무엇이, 무엇 때문에, 클래식 음악의 본고장도 아닌 나라에서 그토록 많은 뛰어난 재능의 연주자들이 쏟아져 나오는 것일까 궁금해 한다. 그러다 보니 한국인들의 클래식 음악에 대한 지식 수준도 그와 더불어 만만치 않을 것이라 당연히 생각한다는 것이 문제이긴 하다. 김연아 덕분에 우리의 피겨 룰 지식도 함께 상승했던 것처럼 말이다.

한국인들의 클래식 음악 사랑이 어느 정도인지 알았다고 진지하게 얘기하던 영국의 한 무역인이 생각난다. '진심인가?' 하고 좀 의아스러운 마음으로 듣던 내게 그가 들려준 얘기는 이러했다. 길을 가고 있는데 어디선가 베토벤의 「엘리제를 위하여」가 들리더란다. 알고 보니 청소차가 후진하면서 내는 소리였고, 그 외에도 곳곳에서 차량 후진 시 어김없이 「엘리제를 위하여」를 들을 수 있었다는 것이다. '놀리는 것일까?', 아님 '그럴 거면 제대로 된 음악을 쓰던지, 그 괴이한 전자 음향이 뭐람?' 하고 돌려 말하는 것인지 오히려 듣는 필자가 마음이 복잡해지던 순간이었다.

어찌 되었거나 원하든 원치 않던 「엘리제를 위하여」는 가히 '국민 클래식'의 반열에 올랐다. 피아노를 잘 치지 못하는 이들도 피아노 앞에만 서면 첫 멜로디 정도는 쳐 보는 곡일 정도이고, 한 대학교에서는 가사를 붙여 응원가로 사용할 정도라고 한다.

'피아노 솔로를 위한 바가텔 A단조'라는 원제목을 갖고 있는 이 곡은 베토벤의 1810년 작품이다. 베토벤 작품 가운데 가장 유명하고 친숙한 피아노 소품이지만, 정작 세상에 공개된 것은 베토벤 사후 40여 년이 지나서였다. 독일의 음악학자 루트비히 놀에 의해 발견된 악보에는 '테레제를 위하여' 라고 적혀 있었고, 이를 루트비히가 '엘리제'로 잘못 읽는 바람에 '엘리제를 위하여'로 굳어졌다는 설이 오랫동안 이어져 왔다. 워낙 악필이었던 베토벤의 필체이니 충분히 있을 수 있는 일이지만 실상 이를 뒷받침할 만한 증거는 발견되지 않았다.

루트비히 놀은 이 곡이 1810년 4월 27일에 작곡되었음을 알게 되었고 이를 출판하게 된다. 우리가 흔히 듣는 「엘리제를 위하여」는 루트비히 놀이 편곡한 초기 버전으로, 후에 여러 작곡가들에 의해 편곡된 버전들이 출판되었다. 단순하지만 애절하게 아름다운 이 환상적인 소네트는 200여 년 동안 남녀노소를 불문하고 사랑을 받았다. 동시에 사람들은 궁금해 했다. '누가 엘리제인가?' 하고 말이다. 덕분에 이 곡은 본래의 아름다움과 함께 상상의 나래까지 활짝 피게 하는 음악이 되었다.

그렇다면 누가 엘리제인 걸까? 루트비히 놀은 이 악보를 친구 브레들의 집에서 발견했다고 한다. 그리고, 브레들은 이 자필 악보를 테레제 말파티로부터 선물받았다고 한 것 때문에 베토벤의 '엘리제'는 테레제 말타피라는 설이 유력한 것으로 꼽히고 있지만, 이 또한 확실한 증거가 있는 것은 아니다. 1810년 초 두 명의 백작 딸들로부터 사랑을 거절당한 아픔에 싸여 있던 베토벤 앞에 18세의 테레제 말파티가 나타난다. 베토벤은 그녀와 새로운 출발을 하고 싶었지만 테레제는 단호히 그의 청혼을 거절하고 귀족과 결혼해 버린다. 거친 성격과 형편없는 외모, 가난한 음악가라는 것이 이유였다.

이와 반대로 2010년 독일의 음악학자 클라우스 마틴은 '엘리제'가 베토벤의 곡을 많이 연주했던 가수 엘리자베스 뢰켈이라는 가설과 책을 출판했다. 뢰켈의 별명이 '엘리제'였다는 점에 주목해서다. 그러나, 그녀는 1813년 작곡가 요한 네포무크 훔멜과 결혼했고, 이 또한 막연한 추측일 뿐이다. 반면 독일의 음악학자 막스 웅거는 루트비히 놀이 곡을 편곡할 때 베토벤의 친구이며 베토벤이 사랑한 연인 중 하나였던 테레제 말파티 남작 부인의 'Therese'를 'Elise', 또는 '엘리제'로 여겼다는 주장을 펼친다. 또 다른 오스트리아의 음악학자 미카엘 로렌츠는 루트비히 놀이 1851년 루돌프 샤흐너에게 베토벤의 자필 악보를 인계하면서 악보가 테레제 남작 부인으로부터 전해졌다는 것이 밝혀졌기 때문에 '테레제' 쪽에 손을 들어주고 있다.

베토벤의 연인이 누구인가에 대한 논란이 물론 이것이 처음은 아니다. 베토벤 사후 그의 책상 서랍에서 발견된 '불멸의 연인에게'라고 쓰인 수신인 없는 소위 '불멸의 편지' 때문이다. 그 덕분에 지금도 얼마나 많은 여인들의 이름이 등장하고 사라지고 하는지… 앞서의 엘리자베스 뢰켈, 테레제 말타피 외에도 소프라노 막달레나 빌만, 줄리에타 귀차르디, 베티나 브렌타노들이 이어진다. 불행하게도 막달레나는 베토벤이 너무 못생기고 미쳤다는 이유로 퇴짜를 놓았고, 「월광」 소나타를 바쳤던 줄리에타 귀차르디는 베토벤을 농락했다. 베티나 브렌타노는 다른 남자와 연애하면서도 베토벤을 희롱했고, 심지어 베토벤이 집적거린다고 남편에게 일러 바친 여성도 있었다. 한결같이 불행한 사랑이었다. 연인이 누구인지, 엘리제가 누구인지 밝힐 수 없었던 고단한 베토벤의 연정戀情이 읽혀지는 대목이다.

결국, 평생 결혼하는 일 없이 고독한 생을 이어가야 했던 베토벤의 아픔을 생각한다면, 이제 괴상한 전자 음향으로 된 「엘리제를 위하여」는 더 이상 듣지 않았으면 한다. 이왕이면 후진하는 차량에서 정식 피아노 연주로 울려 나오는 '엘리제'라면 얼마나 아름답고 의미 있는 것일까? 까칠한 베토벤도 지하에서 잠시나마 웃음 짓게 되지 않을까?

CD

- 빌헬름 캠프 / *DG*
- 글렌 굴드 / *SONY CLASSICAL*
- 알프레드 브렌델 / *Philip*
- 블라디미르 아슈케나지 / *DECCA*
- 아르투르 슈나벨 / *NAXOS*

‘월광’이 무섭다고? 아 베토벤!….

베토벤
피아노 소나타 ‘월광’

음악을 접할 때 선입견을 가진다던가 타인의 느낌에 좌우되어서는 안 된다는 것이 평소 내 지론이다. 음악은 결국 듣는 이의 자유로운 느낌에서 생생하게 살아나는 것이니 말이다. 하지만 그렇다고 해서 유달리 엉뚱한 느낌이나 해석이 튀어나오지 않는 것은 그만큼 사람의 감정 흐름이 크게 다르지 않다는 얘기일 것이다. 그래서 말인데, 몇 년 전부터 끈질기게 만나는 한 음악에 대한 ‘독특한’ 감상이 있다. 특히, 여름이 되면 자주 반복되는데, 무더위를 달래기에 딱 적합한 음악이 베토벤의 피아노 소나타 「월광」이라는 것이다. 이유인즉, 으스스하고 참 무섭기 때문이란다. 베토벤의 「월광」이 무섭다고? 의아해 하는 내게 사람들은 몇 년 전 상연되었던 납량 특집 영화를 꼽기도 하고, 드라마 등에서도 공포를 조장하는 분위기에서 종종 등장한다며 입을 모은다.

필자의 기억에도 그런 영화가 있긴 했다. 〈폰〉이라는 영화였을 것이다. 안병기 감독의 두 번째 공포 영화로 011-9998-6644라는 번호의 폰에서 발신자가 확인되지 않는 괴성의 전화가 걸려 오고 이를 듣는 이들은 잇달아 죽음에 이른다는 설정이다. 이 번호의 사연을 추적하는 여기자 지원과 그녀의 친구 호정, 딸 영주 등이 엄청난 공포 속에 휘말리고, 결국 원조 교제를 했던 호정의 남편과 그 원조 교제 대상이었던 여학생을 실수로 죽이고 만 호정의 비밀 때문에 벌어진 비극이라는 것으로 마무리되는 내용이다.

문제는 이 써늘한 공포 영화에 시종일관 긴장을 늦추지 않으며 으스스한 분위기를 띄웠던 음악으로 베토벤의 「월광」이 감초처럼 자주 등장한다는 것이다. 그러니 무서움에 어쩔 줄 모르며 영화를 보았던 사람들에게 이 선율은 곧 써늘한 공포의 느낌일 수밖에… 특히 나이가 어릴수록 이런 경험은 그대로 각인이 된다. 왜 저곳에 「월광」이 흐르는 것일까 유감스러운 마음이다.

「월광」은 베토벤이 남긴 32개의 피아노 소나타 작품 중에서 「비창」, 「열정」과 함께 가장 유명한 3대 피아노 소나타로 꼽히는 작품이다. 1801년 작곡되어 한때 연인이었으나 다른 귀족의 품으로 날아가 버린 줄리에타 귀차르디에게 헌정된 곡이다. 원제는 「Sonate fur Klavier No.14 '달빛' op.27-2」이며, 물론 「월광」이라는 제목은 베토벤과 무관하다. 베토벤은 이 곡을 단지 '환상곡 풍의 소나타'라고 불렀을 뿐이다. 그랬던 것을 베를린 태생의 시인이자 저널리스트, 음악 평론가인 루트비히 렐슈타프가 제1악장에 대해 '달빛이 비치는 루체른 호수 물결에 흔들리는 작은 배' 같다고 평한 것에서 붙게 된 제목이다. 더구나 베토벤이 이 곡을 귀차르디란 여인에게 헌정한 것은 1801년으로 렐슈타프가 겨우 두 살 때였다. 결과적으로 「월광」이라고 불린 것은 작곡 후 오랜 세월이 지난 다음의 이야기이다.

베토벤은 이 곡을 통하여 소나타 양식, 혹은 피아노 스타일을 뛰어넘는 새로운 시도를 하려는 의지를 환상곡 풍의 자유로운 형식을 채용함으로 강하게 내비쳤다. 기존의 소나타 형식에 반하는 마치 녹턴(야상곡) 같은 분위기가 느껴지는 이유이다. 1악장이 느린 악장으로 시작한다는 것도 당시로서는 특이한 것이었으며, 쉬지 않고 바로 2악장으로 이어지면서 이전 작품들에서는 찾아보기 힘든 자유롭고 서정적인 분위기, 그리고 이에 반대되는 격정적인 분위기의 대비가 남다른 것도 그래서이다. 굳이 형식적인 측면에서 언급하지 않더라도 '환상곡'이라는 단어에서 기인하는 낭만주의적인 느낌만으로도 「월광」은 충분히 시적이며 환상적이다.

이 곡이 작곡되던 1801년경은 베토벤이 점점 청력을 상실하고 이 상황을 외부에 알리기 시작한 때였다. 건강에 이상이 온 작곡가와 그가 연모한 여인에게 바쳐진 음악이라는 점은 유난히 이 음악의 은밀한 고통과 사랑, 슬픔을 도드라지게 했나. 마치 험난한 이 세상에서 고통 없는 환상의 세계로 이끄는 최면이라도 거는 것처럼 섬세하면서 진지하게 심연을 두드려 오는 1악장과, 후배 피아니스트 리스트가 '두 심연 사이에 핀 한 송이 꽃'이라고 부른 우아하면서도 일말의 슬픔 혹은 비탄이 언뜻언뜻 내비치는 2악장, 종래에는 모든 열정을 폭포처럼 터트리며 포효하는 피날레까지. 훗날 베를리오즈가 '인간의 언어로는 도저히 묘사할 길이 없는 한 편의 시'라고 표현했을 정도로 많은 예술가들의 영감의 원천이 된 작품이 「월광」이다.

일설에 베토벤이 눈먼 처녀를 위해 달빛에 잠긴 채로 만들었다던가, 빈 교외에 있는 어떤 귀족의 저택에서 달빛에 감동되어 만들었다던가, 또는 연인에 대한 이별의 편지로 작곡한 곡이라던가 하는 등의 일화가 유독 많이 따라다니기도 한다. 그런 드라마틱한 스토리가 연상될 만큼 깊은 울림으로 절절히 다가오는 베토벤의 연서戀書이기 때문일 것이다.

그런 베토벤의 「월광」이 느닷없이 '공포 음악'으로 여겨진다니 대단히 황망하다. 밤, 달빛 등의 이미지가 어둠, 공포 등으로 이어져서일 수도 있고, 음악 자체가 워낙 큰 진폭 없이 도도하게 흘러가기 때문일 수도 있겠지만 굳이 그렇게까지 엮을 필요가 있을까 싶어진다. 무엇보다 음악을 직접 들어 보면 알 것이다. 왜 무섭단 말인가? 이 '무섭다'는 말에 베토벤은 또 얼마나 황당할 것인가? 라는 물음표가 꼬리에 꼬리를 물며 이어질 테니 말이다. 그래도 '무섭다'라고 한다면 '자유 감상 표현주의자'인 내 입장에서 더 할 말은 없다. 하지만 베토벤에게 미안하고, 「월광」에게도 미안하다. '이렇게 아름다운데 어째서?'라는 강한 번뇌 때문이다. 엉뚱하게 이 음악을 '공포' 분위기로 만든 영화에게 괜스레 눈을 흘겨 주고 싶기도 하다.

p.s. 감상을 원한다면

CD
· 빌헬름 캠프 / *DG*
· 에밀 길렐스 / *DG*
· 루빈스타인 / *RCA*
· 안드라스 쉬프 / *ECM*
· 박하우스 / *Testament*

악성(樂聖)의 시작과 끝, 그의 마침표

베토벤
교향곡 3번 '영웅'

베토벤과 괴테는 베티나라는 여성을 서로 사랑했다. 연적(戀敵)이 신경 쓰였던지 어느 날 베토벤이 베티나에게 괴테를 비난하는 편지를 보낸다. 내용인즉 이렇다.

> 어제 괴테와 함께 산책하다가 집에 돌아오는 길에 황실의 행렬이 지나갔다오. 우리는 멀리서 그 행렬이 다가오는 것을 봤는데, 괴테는 내 곁에서 떠나 길가에 비켜서지 뭐겠소? 내가 말려도 그는 한 발짝도 움직이지 않았을 거요. 그래서 나는 모자를 푹 눌러쓰고 외투 단추를 채우고는 팔짱을 끼고 법석대는 군중 속으로 들어갔소. 왕과 중신들이 늘어선 가운데 황후께서 먼저 내게 인사를 건넸고 그 다음에야 나는 루돌프 대공을 향해 모자를 벗었소. 행렬이 괴테의 곁을 지날 때 그가 어떻게 하는지 굉장히 궁금했지. 글쎄 그는 길가에서 모자를 손에 들고 황송한 듯 고개를 숙이고 있는 게 아니겠소? 나는 이 일로 그를 맹렬히 비난했소.
> 1812년 8월 테플리체에서 베티나에게

라이벌의 이러한 험담에 대해 괴테는 어땠을까? 그는 베토벤을 향하여 버릇없고 무례한, 전혀 길들여지지 않은 철면피라고 분개했다. 물과 불, 너무나 다른 두 사람이었던 것이다.

베토벤은 200여 년도 전의 인물이니 실제로는 만날 수 없는 만큼, 사진으로나 만나는 그는 최고의 열정과 카리스마 그 자체이다. 그의 이름 앞에 '악성樂聖', '황제' 같은 수식어가 붙는 이유를 알 것 같고, 사람들은 그의 존재 자체만으로도 경외심을 품게 되지 않았을까 하는 생각을 하게 한다. 그러나 정말 그랬을까? 사진이 언제나 실물과 같지 않다는 사실을 종종 실감하듯이 베토벤의 외모는 사진에서 보이는 근엄(?)과는 사뭇 달랐다. 우선 그의 외모를 보자. 전해져 내려오는 기록에 의하면 베토벤은 5피트 4인치의 작은 남자였다. 우리 식으로 환산하면 약 163센티의 키였다는 셈이다. 그 작은 체구에 당치도 않게 무성하게 자란 잡초 같은 머리카락이 드리우고 있으니 어떤 모양새인지 가히 상상이 갈 것이다.

성격은 또 어땠나. 아마도 역사상 베토벤처럼 아래로 눈을 내려뜨는 걸 몰랐던 음악인도 없을 것이다. 즉, 거만하기 이루 말할 수 없고 자존심이 하늘까지 잇닿는 인물이었던 데다 기분파이면서도 변덕스럽기까지 한 인물이 바로 베토벤이었다. 그런 그가 세상과 문을 닫아건 채 먼지 쌓인 악보 더미 속에서 피아노만을 두드릴 때의 모습이란…. '위대함'으로 서술되는 자에게 있어 이만큼 어울리지 않는 이미지도 없겠지만 베토벤은 그런 남자였다.

물론 그의 이름은 아마 인류의 역사가 존재하는 한, 음악의 진정한 거장으로 존재할 것이다. 하지만 불행하게도 후세 사람이 이렇게 떠받

듦에도 불구하고, 살아 있을 때 베토벤의 삶은 자신의 가치가 제대로 인정받지 못한다는 고통 속에서 보낸 고난의 삶이었다. 그는 자신이 정말 위대한 존재임에도 불구하고 그 대접을 받지 못함을 인생의 최고 불운으로 여겼던 인물이다. 그래서 자신의 음악이 돈 있는 자들의 과시를 위한 액세서리로 전락하는 것도, 또 언제까지나 그들의 후광에 가린 그늘 속의 존재여야 하는 것도 참을 수 없었다. 귀족들 앞에서 괴테와 다른 태도를 보였던 것은 이러한 세상에 대한 베토벤의 자존심인 것이다.

베토벤의 생에 있어서 가장 중요한 가치가 '혁명'이었던 것은 바로 그런 이유에서이리라. 다만 칼 대신 오선지를 잡았을 뿐, 그가 써 내려가는 음표들은 하나같이 그러한 솟아오르는 혁명에 대한 강한 열망을 담고 있다. 그의 『교향곡 3번 '영웅' op.55』은 그러한 베토벤의 열망이 집약된 작품이다. 그의 꿈인 혁명을 이룰 인물로 베토벤이 주목한 인물이 나폴레옹 보나파르트이다. 베토벤에게 나폴레옹은 시민의 대변인이자 평화의 전도사로서 폭군들을 물리치고 세상을 바꿔 인간의 권리를 되찾아줄 공화주의자였다.

베토벤은 처절한 운명(악)과 싸움으로 시작하여, 죽음과도 같은 시련, 고난을 넘어선 부활, 마침내 인류에게 구원의 선물을 주는 것으로 끝나는 교향곡 3번에 '보나파르트'라는 제목을 붙였다. 하지만, 1804년 12월 나폴레옹이 황제에 즉위했다는 소식을 들은 베토벤은 격분하여 나폴레옹에게 바친다는 헌사 부분을 찢어버렸고, '영웅'이라는 제목으로 대체하였다. 2악장이 장례식을 떠올리게 하는 선율로 채워 일명 '장송곡'으로 불리는 것은 베토벤이 자신의 마음속에서 지워

버린 '영웅'에 대한 고별인 셈이다.

생전의 베토벤에게 자신의 교향곡 중 가장 좋아하는 곡이 무엇이냐고 물으면 단호히 '에로이카(영웅)'라고 답했다고 한다. 교향곡의 대명사로 꼽히는『교향곡 5번 '운명'』과 교향곡의 완성이라고 칭송받는『교향곡 9번 '합창'』도 있는데 왜 '영웅'이었을까? 처절하기 짝이 없는 자신의 운명과 평생 맞서야 했던 그에게 자유와 희망, 꿈을 되찾아 줄 마음속의 영웅이어서가 아닐까? 더불어 자신이 염원해 마지않던 인간의 자유와 평등을 실현해 줄 역사적 영웅, 나아가 진정으로 인류를 구원할 신화적 영웅이기도 했을 것이다. 그것이 세상의 모든 고난을 등에 이고, 음악가로선 천형^{天刑}인 청력까지 잃게 된 가장 위대한 인간이 후대의 우리들에게 남긴 최고의 힘이자 위안인 것이다.

CD
- 토스카니니 지휘, NBC 교향악단 / *Music & Arts*
- 카라얀 지휘, 베를린 필하모닉 오케스트라 / *DG*
- 칼 뵘 지휘, 베를린 필하모닉 오케스트라 / *DG*
- 귄터 반트 지휘, 쾰른 귀르체니히 관현악단 / *Testament*
- 푸르트뱅글러 지휘, 베를린 필하모닉 오케스트라 / 굿인터내셔널
- 두다멜 지휘, 베네수엘라 시몬 볼리바르 교향악단 / *DG*

DVD
- 얀손스 지휘, 바이에른 방송 교향악단 / *Arthaus Musik*
- 카라얀 지휘, 베를린 필하모닉 오케스트라 / 소니비엠지뮤직
- 아바도 지휘, 베를린 필하모닉 오케스트라 / *EuroArts*
- 미하엘 길렌 지휘, SWR 심포니 오케스트라 / *EuroArts*

비로소 들려온 거장의 '마음의 소리'

베토벤
교향곡 6번 '전원'

새로운 것을 창조하고 시대를 앞섰던 존재는 외로웠을 것이다. 그렇다면 그 '새로운 창조'를 이해하고 해석해 보인 존재는 어떨까? 적어도 외롭지는 않을 것 같다. '해냈다'는 기쁨과 성취감이 더 클 것이다.

몇 년 전 네덜란드 로열 콘세르트 허바우 오케스트라(RCO)를 이끌고 내한했던 헝가리의 거장 지휘자 이반 피셔의 행보는 그런 점에서 참 인상적이었다. 세계적인 오케스트라와 지휘자가 내한하는 일은 늘 주목받긴 하지만 피셔와 RCO의 내한이 특별했던 건 이유가 있다.

RCO는 2008년 영국 음악 잡지 그라모폰이 '세계 1위 오케스트라'로 선정한 바 있는 네덜란드 최정상의 오케스트라이고, 이반 피셔는 부다페스트 페스티벌 오케스트라(BFO)의 설립자이자 음악 감독이며, 베를린 콘체르트하우스 수석 지휘자를 겸임하고 있는 지휘자이다.

특히, 오케스트라 내에 다양한 개혁을 도입하기로 유명한 지휘자인 그는 종종 현악기와 관악기의 자리를 바꾸는가 하면, 관중석 곳곳에 합창 단원을 앉혀 놓고 연주 도중 일으켜 노래하게 하는 등의 파격을 선사했던 인물이다.

'이유 있는 파격'으로 불리는 피셔가 RCO와의 내한에서 보여준 것은 그중에서도 가장 큰 파격이었다. 우선 나흘에 걸쳐 베토벤 교향곡 전곡 9곡을 연주했다는 점이다. 단기간에 연이어 베토벤 교향곡을 모두 연주하는 것은 아시아에서 한국이 처음이며, 전에 없던 전대미문의 프로젝트이다. 이에 더해 그가 표현한 베토벤을 보는 놀라움이었다. 그는 이 공연에서 더욱 파격적인 악기 배치를 선보였는데, 가장 획기적인 것이 『교향곡 9번 '합창'』과 『교향곡 6번 '전원'』이었다.

9번의 경우, 4명의 독창자가 합창단이나 오케스트라 앞쪽에 나란히 자리하는 일반적인 배치와 달리, 각각 제1·2바이올린, 비올라, 첼로 연주자들의 틈에서 노래하게 하고, 같은 족族 악기인 플루트와 뚝 떨어져 타악기들 옆에 있던 피콜로는 4악장 피날레에 이르는 환희의 행진에서 트라이앵글과 함께 신선한 음향을 만들었다. 늘 뒤편에 위치한 팀파니와 심벌즈를 앞으로 끌어내 클라이맥스에서의 강렬함을 더 부각시키기도 했다. 곡마다 악기의 배치를 바꿔 중요하게 다뤄야 할 독주와 앙상블을 강조하는 방식을 고수한 것이다.

피셔의 이러한 관습을 깨는 기발한 악기 배치와 음향의 신세계는 최고의 호연으로 꼽히는 『교향곡 6번 '전원' op.68』에서 가장 크게 두드러졌다. 우선 한쪽에 쏠려 있던 더블베이스를 무대 뒤편 중앙에 고정해 저음역의 좌우 균형을 맞췄고, 현악기들에 가려졌던 목관 악기

수석들을 지휘자 앞으로 옮겨 놓은 것이다. 그러자, 비로소 들리기 시작한 소리들이 있었다. 진정한 전원의 소리-새소리, 물소리 등이 들린 것이다. 시냇가의 정경을 그린 2악장에서는 플루트가 표현한 나이팅게일과 오보에의 메추리, 클라리넷의 뻐꾸기 울음소리가 선명하게 들리기 시작했고, 3악장에서는 농부의 소박한 악기 연주를 묘사하는 바순의 익살스러운 소리가 즐겁게 객석으로 날아들었다.

베토벤의 『교향곡 6번 '전원'』은 1808년 12월 22일 안 데어 빈 극장에서 그 자신의 지휘로 초연된 곡으로, '전원'이라는 표제는 베토벤 자신이 붙였다. 그는 이 교향곡에 '특징 있는 교향곡, 전원 생활의 추억'이라고 덧붙여서 적었는데, 그가 귓병으로 빈 근교 하일리겐슈타트에서 자연에 파묻혀 요양하던 시기를 그렸기 때문이다. 베토벤은 매일같이 모자도 쓰지 않고 혼자서 전원을 산책했는데, 그때의 감상을 다음과 같이 적고 있다.

베토벤의 나이 38세 때 초연된 '전원'은 같은 날 함께 초연된 『교향곡 5번 '운명'』과 극과 극으로 늘 비교된다. 처절한 운명과 싸워야 하는 인간의 모습을 그리고 있어 '운명'이라는 별칭으로도 불리는 것이 제5번이라면, 『교향곡 6번 '전원'』에서는 인간의 괴로움과 투쟁이 아닌 자연에 대한 사랑이 담겨 있다. 즉, 5번이 인간을 표현한 것이라면 6번은 자연을 다루었으며, 전자가 응집력과 추진력을 갖춘 역동적인 음악이라면, 후자는 관조와 명상이 흐르는 이완된 음악인 것이다. 또한, 베토벤이 교향곡에 담아낸 전원의 모습은 단순히 전원 풍경을 묘사한 '음화音畵'는 아니며 자연에 대한 감정과 관념의 표현이라는 점이다.

피셔는 이러한 점을 우리에게 알리기 위해 최선을 다한 것이다. 그는 인터뷰를 통해 베토벤은 '극단적인 인물'이라는 점을 강조했다. 극단적으로 거칠거나 극단적으로 서정적이며, 따뜻하거나 그것을 위해 작곡가가 악보에 표기한 바를 꼼꼼하게 반영했고, 효과적으로 전달하기 위한 극대화된 방법을 선택했다. 그 결과, 우리는 좀더 가깝게 베토벤을 만날 수 있었다. 일평생 고난에 찬 삶이었지만 그의 마음에도 따뜻한 새소리, 물소리, 바람의 소리가 있었다는 것을, 그리고 그 마음은 더할 나위 없이 부드럽고 사랑에 찬 것이었다는 것을….

온 천지에 꽃향기와 꽃가루로 가득한 어느 봄날 피셔가 들려준 베토벤의 '전원'은 그래서 더 가슴 깊이 선명함으로 다가왔다. 극단적으로 아름답고, 그래서 극단적으로 더 처연하다. 이제라도 깨달은 우리들의 모습을 천국에서 베토벤이 흐뭇해 하길 바랄 뿐이다. 얼마나 다행인가. 그러한 존재가 우리 곁에 있었다는 사실이 말이다.

CD

- 칼 뵘 지휘, 빈 필하모닉 오케스트라 / *DG*
- 카라얀 지휘, 베를린 필하모닉 / *Vinyl Passion*
- 클라우디오 아바도 지휘, 베를린 필하모닉 / *DG*
- 카를로스 클라이버 지휘, 바이에른 국립 오케스트라 / *Orfeo*
- 이반 피셔 지휘, 부다페스트 음악제 관현악단 / *Channel Classics*
- 존 엘리어트 가디너 지휘, 혁명과 낭만의 오케스트라 / *Archiv*
- 파보 예르비 지휘, 브레멘 실내관현악단 / *RCA*

DVD

- 사이먼 래틀 지휘, 베를린 필하모닉 오케스트라 / *EuroArts*
- 미하엘 길렌 지휘, 슈투트가르트 방송 교향악단 / *EuroArts*
- 카라얀 지휘, 베를린 필하모닉 오케스트라 / 유니버설 뮤직

깊은 울림으로 상실과 아픔을 뛰어넘게 하는 거장의 메시지

베토벤
교향곡 7번

　최근 필자가 사는 아파트 단지에 트럼펫 연주자가 생겼다. 이 연주자가 주말 아침이면 창문을 열어 놓고 「넬라 판타지아」를 연주한다. 롤랑 조페 감독의 1986년작 영화 〈미션〉을 두고두고 인상 깊게 했던 가브리엘 신부의 오보에 선율과 그것에 가사를 붙여 노래해 「넬라 판타지아」라고 불리는 이 곡은 언제 들어도 아름답고 깊은 감동에 빠지게 한다. 아마도 이 트럼펫 연주자는 그런 기쁨을 같은 단지에 사는 우리들에게 베풀고(?) 싶은 모양이다. 문제는 이 연주가 자꾸 틀리고 끊긴다는 것이다. 그러다 보니 듣는 입장은 점차 불편해지게 되었다. 하필 틀리는 부분이 늘 같은 지점이다 보니 언젠가부터는 제발 그 부분을 무사히 넘어갈 수 있게 연주자의 실력이 속히 늘도록 비는 마음이 들 정도였다.

　아그네츠카 홀란드 감독의 2006년작 〈카핑 베토벤〉에 이런 장면이

나온다. 홍수처럼 시끄러운 피아노 소리가 시도 때도 없이 흘러나오는 베토벤의 옆집에 사는 할머니를 걱정하며 이사를 권하는 베토벤의 제자 안나 홀츠에게 할머니가 말한다. "베토벤의 옆집에 사는 걸! 난 누구보다 베토벤의 작품을 가장 먼저 듣거든. 그 교향곡 말이야. 딴 따따 딴따…. 참 멋지지 않아?"

이 할머니에게 소음이 아닌 행복함이었던 이 음악은 톰 후퍼 감독의 2010년작 〈킹스 스피치〉에도 나온다. 엘리자베스 2세 여왕의 선대先代 왕 조지 6세의 이야기다. 말을 더듬는 언어 장애가 있던 앨버트는 아버지인 조지 5세의 뒤를 이어 왕위를 계승한 형 에드워드 8세가 미국인 심프슨 부인과 사랑에 빠져 왕위를 포기하면서 고달픈 인생을 맞는다. 졸지에 왕이 되었고, 말을 더듬는 어려움이 있음에도 불구하고 국민들에게 선언문을 발표해야 하는 자리가 이어지는 곤혹스러움에 직면했기 때문이다. 왕의 연설이라면 국민에게 신뢰를 주어야 하므로 말을 더듬는 건 치명적인 단점이었다.

결국, 그는 괴짜 언어 치료사 라이오넬의 도움을 받아 언어 장애를 극복하려는 의지를 불태운다. 그 노력이 마침내 시험대에 오른다. 히틀러의 야욕에 맞서 전쟁을 선포하고 그 의지를 국민들에게 밝혀야 하는 것이다. 독일과의 전쟁이 임박해 불안한 국민들은 국왕의 한마디 한마디에 귀를 기울였고, 조지 6세는 '독재와 폭압의 사상에 맞서 우리가 옳다고 믿는 가치를 실현시키기 위해 나선다.'라고 또박또박 강한 확신의 연설을 실수 없이 성공적으로 해낸다. 그 한마디 한마디 사이를 이어가며 장엄하게 흐르던 선율이 바로 '딴 따따 딴따…'로 시작되는 것이었다.

할머니를 행복하게 했고, 장애를 뛰어넘는 왕의 연설을 잊을 수 없는 감동으로 몰아가던 ‘딴 따따 딴따…’의 선율은 바로 베토벤의『교향곡 7번 op.92)』의 2악장이다. 베토벤은 모두 9개의 교향곡을 남겼다. 이 중 제목이 붙어있는 교향곡이 반, 그렇지 않은 교향곡이 반이다.『3번 ‘영웅’』,『5번 ‘운명’』,『6번 ‘전원’』,『9번 ‘합창’』이 있는가 하면 제목이 따로 없는 1, 2, 7, 8번의 교향곡이 있다. 모두가 나름대로의 특성과 메시지를 담고 있는 이들 교향곡 중에서 7번은 특히 ‘거인의 발자국’ 이라고도 불리는 2악장의 테마인 깊은 두드림의 리듬이 인상적인 작품으로 꼽힌다. 마치 인간의 무의식 속에 잠재되어 있던 원초적인 리듬 충동을 되살아나게 하는 듯한 장중하고 강박적인 리듬의 반복이 듣는 이로 하여금 절로 가슴이 벅차오르게 하는 강한 힘이 있기 때문이다. 이 역동성 때문에 낭만주의 시대의 후배 작곡가 리스트가 이 작품을 두고 ‘리듬의 신격화’라고 찬사를 아끼지 않을 정도였다.

목관 악기의 불안정한 화음에 이어 저음 현악기들이 장례 행진을 연상시키는 리듬 주제를 연주하면서 시작되는 2악장은 마치 장인이 한 땀 한 땀 새겨내는 것처럼 수려하면서도 범접할 수 없는 긴장감으로 소용돌이치며, 듣는 이를 깊이 흔들어 놓는다. 일생을 험난한 운명의 휘몰아침 속에서 홀로 독야청청했던 작곡가의 모습이 오버랩되어 다가온다. 그렇기 때문에 초연 당시 청중뿐만 아니라 오늘날의 청중에게도 큰 사랑을 받고 있는 악장이다. 재미있는 것은 2악장의 장중함과 달리 나머지 1, 3, 4악장은 ‘베토벤답지 않은 밝음’ 으로 유명하다는 점이다. 강하고 열정적인 베토벤의 여느 음악 스타일과 달리 유려한 밝은 기운이 가득해서 베토벤이 술에 취해 작곡했을 것이라는 설이 떠도는 지경이다. 베토벤 자신도 '나는 인류를 위해 좋은 술을 빚는 바커스이며, 그렇게 빚은 술로 사람들을 취하게 한다.'라고 생전에 장담을 한 바 있다. 그러한 베토벤의 생각이 고스란히 드러나 있는, 그야말로 바커스가 잘 빚고 잘 익은 향기가 가득한 리드미컬한 박력을 지닌 장려한 걸작이 7번이다. 격류(激流)의 곡으로, 거장의 불굴의 생명력의 곡으로 7번이 꼽히는 이유이다.

하지만 조금 빠르다고 해서 경쾌하거나 가벼운 느낌이 아닌, 생의 모든 것을 관통한 듯한 초연함과 깊은 고찰에서 우러나오는 당당함이 7번이 갖는 가장 큰 매력이다. 거기에 내리꽂는 듯한 강렬한 리듬과 선율의 2악장까지 더하면 한 번 들으면 잊기 어려운 깊은 여운이 되고 만다. 그 안에서 작곡가의 옆집 할머니가 행복했고, 조지 6세는 장애를 뛰어넘었다. 작곡자인 베토벤 역시 아마도 이 곡을 완성하며 일생을 내리누르던 상처에서 해방되지 않았을까? '상처 입었으나 스스로 치유한 치유자'가 된 것이다.

갑자기 겨울이 온 듯 날씨가 추워졌다. 아직 올 때가 아닌데 말이다. 그러더니 며칠 지나 결국 제 계절에 맞는 온도로 돌아왔다. 놀라지 않고 기다리니, 또 결국 제자리를 찾을 것을 믿으니, 모든 것이 본래의 자리로 돌아왔다. 베토벤『교향곡 7번』은 그런 곡이다. 특히 2악장에서 만나는 깊고 장중한 울림은 말할 수 없는 위안과 힘이다. 또 한 해를 빈손으로 보내야 할 것 같은 상실감으로 맞는 이 계절에 꼭 필요한 거장의 선물인 것이다.

CD

· 카를로스 클라이버 지휘, 빈 필하모닉 오케스트라 / *DG*
· 푸르트뱅글러 지휘, 빈 필하모닉 오케스트라 / *Warner Classics*
· 카라얀 지휘, 베를린 필하모닉 오케스트라 / *DG*
· 이반 피셔 지휘, 부다페스트 음악제 관현악단 / *Channel Classics*
· 클라우디오 아바도 지휘, 빈 필하모닉 오케스트라 / *Audite*
· 존 엘리어트 가디너 지휘, 혁명과 낭만 오케스트라 / *SDG*

DVD

· 카를로스 클라이버 지휘, 암스테르담 콘서트헤보우 오케스트라 / 유니버설 뮤직
· 클라우디오 아바도 지휘, 베를린 필하모닉 오케스트라 / *EuroArts*
· 카라얀 지휘, 베를린 필하모닉 오케스트라 / *DG*

베토벤이 꿈꾼 자유, 번스타인과 환생하다 'Ode to Freedom'

베토벤
교향곡 9번 '합창'

클래식 사史에는 수많은 작곡가들이 있다. 그들 중에는 '신동'도 있고, '음악의 아버지', '음악의 어머니'도 있으며, '교향곡의 아버지', '가곡의 왕', '피아노의 시인'도 있다. 각각 나름의 공적에 맞게 붙여진 수식어이며 뛰어난 재능의 사람들이다. 그런데, 유일하게 다른 수식어가 따라다니는 작곡가가 있다. 루트비히 판 베토벤은 '악성樂聖'이라는 타이틀이 붙어 다닌다. 유일하게 사람을 넘어서는 존재로 인정받는다는 뜻일 것이다. 그 베토벤이 모두 9개의 교향곡을 남겼다. 이 교향곡들은 '교향곡'이라는 장르를 대표하며 완성하는 작품들로 정리된다.

8번까지의 교향곡을 작곡한 후 베토벤은 심각한 고민에 빠지게 된다. 음악을 통해 세상에 전하고 싶은 메시지를 그려내 왔지만 무언가 2% 부족한 갈증을 느껴왔기 때문이다. 그것이 무엇일까 고민하던 베토벤이 찾아낸 해답이 바로 '인성^{人聲}'이다. 작곡가로서 평생을 살아오면서 그가 가장 아름답다 결론 내린 것은 그 어떤 악기도 아닌, 사람의 소리, 그것이었다. 그런데, 그 소리를 교향곡에 사용하지 못하고 있다는 것이 베토벤을 답답하게 했고, 결국 그러한 고민을 풀어버린 작품이 『교향곡 9번 '합창' op.125』이었다. 사람의 소리를 꼭 넣고 싶었던 베토벤이 이를 위해 제일 먼저 했던 작업은 사람의 소리를 표현할 가사를 찾는 것이었다. 베토벤은 그가 오래전부터 자신의 작품에 사용하고 싶었던 실러의 시 〈환희에 부쳐^{Ode to Joy}〉를 선택했다.

베토벤이 『교향곡 9번 '합창' op.125』를 완성해낸 것은 그의 나이 53세 때인 1824년 2월의 일로 알려지고 있다. 하지만, 이 교향곡은 이미 1812년경부터 구상되었고, 실러의 〈환희에 부쳐〉 송가에 곡을 붙이려 생각한 것은 그가 고향 본을 떠나 빈으로 가기 이전부터였다고 한다. 무려 30여 년을 구상하고 별러 왔던 것이다. 베토벤은 이 실러의 시를 4악장에 담아냈고, 덕분에 4명의 솔리스트와 합창단이 어우러지는 걸작이 탄생한 것이다.

교향곡에 사람의 목소리를 도입했다는 것 외에도 베토벤의 『교향곡 9번 '합창'』은 많은 부분 당시 사람들에게 색다른 시도를 선보였다. 통상적으로 느린 템포의 2악장과 미뉴에트 스타일의 3악장의 템포를 바꿔 2악장을 빠른 스케르초로, 3악장을 느리고 가요적인 악장으로 설정했다거나, 피날레 악장이 전통적인 음악 형식으로는 설명하기 어려운 복잡한 형식을 취하고 있다는 것 등이 그러했다. 모두가 베토벤 이전의 교향곡에서는 찾아보기 힘든 것이었는데 「환희의 송가」가 울려 퍼지는 4악장은 더욱 특별하다.

우선 저마다의 소리로 떠들어대는 듯한 오케스트라의 불협화음이 이어지고, 베이스 독창자가 일어나 "오, 벗이여! 이런 곡조는 아니오! 더 즐겁고 환희에 찬 곡조를 노래합시다!"라고 선창한다. 뒤이어 등장하는 지극히 단순하지만 강한 설득력을 지닌 환희의 선율 시작, 이어지는 터키풍의 행진곡과 느리고 장중한 음악, 환희의 멜로디를 기반으로 한 변주, 소나타와 협주곡 형식 등이 합쳐지면서 거대한 음악적 통일이 성취된다. 마침내 '모든 인간은 한 형제'라는 「환희의 송가」를 통해 청중은 모두 하나가 된다.

버나드 로즈 감독의 1994년작 영화 〈불멸의 연인〉을 보면 『교향곡 9번』 초연 당시 베토벤의 모습이 인상적으로 그려져 있다. 음악가에겐 천형이라 할 수 있는 귓병을 앓았던 베토벤은 이즈음 완전히 청력을 상실한 상태였다. 그런 그가 자신의 최대 걸작 초연 앞에서 지휘를 할 수도, 연주를 들을 수도 없다는 것은 너무나 가혹한 고난이었다. 자신의 곡이 연주되는 것을 머릿속으로만 그리며 흥얼흥얼 따라 하던 베토벤이 마침내 연주가 끝나고 벅찬 감동에 끓어오르는 관객의 열광과 환희의 갈채를 듣지 못한다. 보다 못한 악장에 의해 객석을 돌아보게 된 그는 스스로가 '천재'임을 자각했으나 그를 알아주지 않는 세상과, 임없이 고통을 몰아주는 신 앞에서 완강히 맞서며 불화하다 마침내 겸손히 머리를 숙여 인사한다. '그럼에도 불구하고' 이러한 감동을 주는 음악을 만들 수 있게 한 신에게 감사하면서 말이다.

이러한 베토벤의 〈환희의 송가 Ode to Joy〉가 1989년 베를린의 성탄절에 〈자유의 송가 Ode to Freedom〉가 된다. 그해 11월에 일어난 역사적인 사건인 베를린 장벽의 붕괴이다. 동독의 관리들에게 '파시스트 보호벽'이라 불렸던 이 장벽의 붕괴로 동독과 서독으로 분단되었던 독일은 통일 독일이 되었다. 이를 기념하기 위해 베를린의 샤우스필하우스(Schauspielhaus, 현 베를린 콘체르트하우스)에서 제2차 세계 대전 참전국을 연합한 오케스트라와 독일의 여러 합창단이 함께한 축하 공연이 열렸다. 'Berlin Celebration Concert'라 명명된 이 축하 콘서트에서 지휘봉을 잡은 것은 미국의 지휘자 레너드 번스타인이다. 그는 4악장의 합창 부분 중 'Freunde(벗, friend)'를 'Freiheit(자유, freedom)'로 바꿔 부를 것을 지시했다. 이에 따라 각 가수들과 합창단은 'freunde'가 나올 때마다 'freiheit'로 바꿔 불렀고, 결국 'Ode to Freedom'으로 정리가 되고 말았다. 베를린 장벽 붕괴의 힘, 동독의 자유, 통일, 더 나아가 전 세계의 자유와 평화를 소망하고 기념하는 데 있어서 이보다 더 적절한 표현이 있을까?

베토벤은 9번의 악보 중간에 '백만 인이여, 서로 껴안으라'라고 써놓았던 것으로 전해진다. 인류의 화합과 평화를 기원했던 베토벤의 정신이 'Joy'를 넘어서 'Freedom'으로 승화된 것이다. 번스타인은 이 정신을 정확히 꿰뚫어 봤고, 온몸이 땀에 흠뻑 젖은 채 모든 힘을 짜내어 이 교향곡의 연주를 이끌었다. 거장의 이 진실하고 열정적인 모습은 당시 이를 지켜보던 전 세계를 큰 감동으로 이끌었다. 그리고, 이 교향곡의 정신과도 정확히 맞아떨어지는 부분이다.

이 역사적인 연주를 마친 10개월 후 번스타인은 세상을 떠났다. 사람들은 그가 지휘대 위에서 뛰어오르고 힘차게 발을 구르며 열정적으로 지휘하던 모습, 새로운 시대에 대한 무한한 기대와 희망, 자유에의 간절한 염원의 모습을 오래도록 잊지 못할 것이다. 그리고, 그 위에 겹쳐지는 '악성' 베토벤의 겸손한 머리 숙임…. 불멸의 예술은 이렇게 완성되었다.

CD
· Ode to Freedom – 자유를 위한 송가(베를린 기념 콘서트) / *Universal*

DVD
· 베토벤: 교향곡 9번 '합창' – 베를린 장벽 붕괴 기념 콘서트 / 번스타인, 바이에른 방송 교향악단 외 / *Medici Arts*

희극, 비극, 어느 것이 정답일까?

차이콥스키
백조의 호수

언제부터인지 우리나라에서 해마다 연말이면 차이콥스키의 『호두까기 인형』이 공연되는 것이 관례처럼 되고 있다. 성탄절 때문이리라. 그런데, 올해는 『호두까기 인형』 외에도 러시아 노보시비르스크 오페라 발레 극장이 내한해 무대에 올린 『백조의 호수』가 함께 공연되어 발레 팬들에겐 좀더 다양한 즐거움을 선사했다. 역시 차이콥스키 작품이다.

보기 힘든 발레여서 그랬는지 주변의 많은 이들이 연말에 이 무대를 보았던 모양이다. 그런데, 이 작품에 대한 결말을 각각 다르게 얘기하고 있어 흥미롭다. 노보시비르스크의 『백조의 호수』에서 아름다운 사랑의 결말이 감동적이었다고 다녀온 이가 얘기하자, 또 다른 이는 '웬 해피 엔딩? 비극 아니었나?'라는 반격이 이어진다.

같은 작품을 두고 어찌 각각 정반대의 결말을 기억하냐고? 그럴 만한 이유가 있다. 『백조의 호수』는 『호두까기 인형』, 『잠자는 숲 속의 미녀』와 더불어 차이콥스키의 3대 발레 음악으로 손꼽힌다. 이 중 『백조의 호수』는 1875년 모스크바 볼쇼이 극장의 관리인 베기체프가 쓴 발레 대본《백조의 호수》에 차이콥스키가 작곡을 해 완성한 작품이다.

발레와 발레 음악에 있어서 러시아 작곡가 차이콥스키는 새로운 역사를 쓴 인물이다. 르네상스 시대 이탈리아의 궁정 연회에서 유래하여 프랑스 루이 14세에 의해 꽃피워진 발레는 많은 이들이 사랑하는 예술 장르이다. 하지만 안무가 중심이고, 발레 음악은 단순히 발레를 위한 반주 음악, 또는 배경 음악이었을 뿐이다. 차이콥스키는 이러한 발레 음악을 하나의 완성된 장르로 끌어 올려 발레의 예술성까지 업그레이드 시킨 주인공이다. 덕분에 그의 발레곡들은 연주만으로도 충분히 아름다운 작품들이 되었고, 발레와 함께 어우러져 금상첨화가 되었다. 『백조의 호수』나 『호두까기 인형』에 안무가의 이름이 아닌 차이콥스키가 올라 있는 이유이다. 하지만 안타깝게도 차이콥스키는 당대에 그 진가를 인정받지 못했다. 왜 그랬을까? 이런 일이 그에겐 한두 번 있는 일은 아니긴 하다. 난해하다는 이유로 혹평을 받아 밀쳐졌던 피아노 협주곡과 바이올린 협주곡에서도 같은 일이 있었다. 그의 발레 음악 역시 기존의 춤 음악에 익숙한 당대 사람들에게는 춤추기 위한 음악보다는 절대 음악의 성격을 지닌 난해한 작품으로 여겨져 부담스러웠던 듯하다.

『백조의 호수』가 처음 상연되었던 1877년, 평가가 얼마나 가혹했던지 차이콥스키는 두 번 다시 발레 음악을 작곡하지 않겠다고 맹세할 정도로 마음의 상처를 입었다. 실은 형편없는 안무, 형편없는 무대 배경과 무대 의상, 오케스트라의 보잘것없는 연주가 주범이었던 것으로 전해진다. 그러나, 이유와 상관없이 타격을 받았던 차이콥스키의 작품은 이후 100여 년간 안무가들에게 종속되어 있던 발레 음악의 위치를 무용 반주가 아닌 무용과 대등하게 가까운 지위로 격상시켰다. 또한, 오늘날 가장 많이 공연되는 발레 작품이 되는 결과를 낳았다.

전 4막의 『백조의 호수』는 영국 로열 발레단과 러시아 볼쇼이 발레단이 양대 산맥으로 꼽힌다. 똑같은 곡에 맞춰 안무했지만 내용이나 안무, 스타일이 서로 많이 다르다. 기본 줄거리는 악마의 저주로 인해 한 사람의 변치 않는 사랑을 받기 전에는 낮에는 백조로, 밤에는 사람으로 살아가는 오데트 공주와 그녀를 사랑하게 된 지그프리드 왕자, 두 사람을 방해하는 악마 로트바르트와 그의 딸 오딜, 그들의 음모에 빠져 오데트가 아닌 오딜과 결혼을 발표하는 지그프리드 때문에 엇갈리게 된 운명에 관한 이야기이다. 그런데, 이 결말에 이르면서 로열 발레단 버전과 볼쇼이 발레단 버전이 갈라진다. 로열 발레단은 악마와 싸워 두 사람이 함께 죽든가, 왕자는 죽고 오데트는 백조가 되어 날아가는 비극으로 피날레를 장식하는 반면, 볼쇼이 발레단은 사랑의 힘으로 악마를 물리치는 장엄한 해피 엔딩이 되는 것이다. 물론 두 사람이 호수에 빠져 죽지만 영원한 사랑의 상징으로 부활하는 아메리칸 발레 시어터의 것도 있다. 볼쇼이 발레단의 해피 엔딩 부분에 대해선 여러 가지 설이 있는데, 구소련 시대에 비극의 발레는 민중들의 마음에 좋지 못한 패배감을 불러일으킨다 해서 굳이 해피 엔딩을 유도했다는 설이 지배적이다.

본의 아니게 열린 결말이 된 『백조의 호수』는 발레 공연과 상관없이 음악 감상만을 위해 연주회용 모음곡으로도 정리되어 있다. 전 4막 36곡에서 6곡을 발췌하여 제1곡 「정경」, 제2곡 「왈츠」, 제3곡 「네 마리 백조의 춤」, 제4곡 「정경」, 제5곡 「헝가리 춤곡(차르다시)」, 제6곡 「정경」이며, 2관 편성의 오케스트라를 위한 모음곡 형식이다.

해피 엔딩일 수도, 가슴 아픈 비극일 수도 있는 『백조의 호수』처럼 우리네 삶도 희극과 비극을 마음 가는대로 적절히 배치할 수 있다면 얼마나 좋을까? 우여곡절 속에 또 한 해를 보내면서 해 본 부질없는 상상이다. 그래도 소망한다. 다가오는 새해는 제발 모두가 해피 엔딩이기를!

p.s. 감상을 원한다면

CD
- 카라얀 지휘, 빈 필하모닉 오케스트라 / *Decca*
- 프레빈 지휘, 런던 심포니 오케스트라 / *Warner Classics*
- 자발리쉬 지휘, 필라델피아 오케스트라 / *EMI Classics*
- 플레트네프 지휘, 러시안 국립 오케스트라 / *Ondine*
- 게르기예프 지휘, 마린스키 오케스트라 / *Decca*

DVD
- 올가 에시나, 블라디미르 쉬쇼프, 빈 국립 발레단, 빈 국립 오페라 교향악단 / *C Major*
- 스베틀라나 자하로바, 로베르토 볼레, 라 스칼라 발레단 / *Arthaus Musik*
- 앤소니 도웰, 로열 발레단, 로열 오페라 하우스 오케스트라 / *OPUS ARTE*
- 루돌프 누레예프(감독), 아녜스 레테스튀, 호세 마르티네즈 / *OPUS ARTE*

극한의 삶, 그에게도 아름다웠던

차이콥스키
사계 중 '크리스마스'

크리스마스가 다가왔다. 구세군의 종소리, 거리에서 만나는 오색영롱한 전등과 성탄 트리들을 볼 때 올해도 어김없이 크리스마스가, 또 송년이 왔음을 느낀다. 음악인들은 공연장에서 크리스마스를 느낀다. 12월의 문턱에 들어서면서부터 연주회 무대의 앙코르를 장식하는 곡 대부분이 크리스마스 캐럴이니 말이다. 재미있는 것은 늘 들어왔던, 같은 캐럴이지만 연주자마다, 무대마다 저마다의 개성과 표현이 조금씩 다르다는 것이다. 그래서 음악인으로서 맞는 크리스마스의 재미는 아마도 가장 큰 비중이 연주회장이 아닐까 한다.

130여 년 전 러시아의 작곡가 차이콥스키는 크리스마스를 어떤 마음으로 맞았을까? 성가를 작곡한 작곡가는 많지만 크리스마스를 콕 집어 작곡한 작곡가는 의외로 많지 않은데, 차이콥스키는 그의 피아노곡 『사계』 중 겨울에서 「크리스마스」를 노래했다. 『사계』라는 제목에서 우선은 비발디가 떠오를 터이다. 조금 현대적인 작품을 즐기는 이들은 피아졸라의 『사계』를 떠올릴 것이고, 좀더 깊숙이 들어가 하이든의 오라토리오 『사계』와 글라주노프의 발레 음악 『사계』를 떠올리는 이도 있을 것이다. 한결같이 사계절을 음악으로 표현한 작곡가들이고 그러다 보니 제목 역시 동일하게 된 경우다. 계절에 대한 감각적 묘사는 작곡가에게는 당연히 매력적인 작업이었던 모양이다.

후배 글라주노프보다 먼저 『사계』를 작곡한 러시아의 차이콥스키는 그의 주력 부문인 교향곡이나 발레 음악에 비해 대단히 가뿐하게 이 곡을 만들었다. '12개의 성격적 소품'이라는 부제를 달고 있는 피아노 독주곡인 『사계』는 페테르부르크에서 창간된 음악 잡지 〈누벨리스트〉의 발행인이 1876년 1월호부터 12월 초에 걸쳐 그달에 어울리는 시를 하나씩 택해 이것이 주는 느낌을 피아노 음악으로 만들어 달라고 차이콥스키에게 부탁함으로써 탄생하게 된 것으로 전해진다.

이를 위해 선택된 시가 주콥스키의 러시아 풍물시였고, 1875년 12월부터 작곡을 시작한 차이콥스키는 6개월만인 1876년 5월에 12곡을 모두 완성했다. 한 달에 한 곡씩, 1년에 걸쳐 만들 것을 반으로 확 줄여 6개월에 마친 것이다. 마치 월간지에 칼럼을 기고하는 필자가 6개월 만에 일 년 치를 미리 넘긴 것처럼…. 뭐 그럴 수 있다면 더할 나위 없이 좋은 일이겠지만 절대 쉽지 않은 일이다. 그 어려운 것을 이 작곡가는 해낸 것이다.

어쨌든 잡지 발행인으로서는 퍽 흡족했을 차이콥스키의 빠른 작업으로 탄생한 작품이 『사계』이고, 각 달마다 「1. 난롯가에서」, 「2. 사육제」, 「3. 종달새의 노래」, 「4. 아네모네」, 「5. 백야」, 「6. 뱃노래」, 「7. 수확의 노래」, 「8. 추수」, 「9. 사냥」, 「10. 가을의 노래」, 「11. 트로이카」, 「12. 크리스마스」라는 부제가 달려 있다. 이 중 3번과 5, 6, 12번이 유명하다. 훗날 저명한 지휘자 알렉산드로 가수크에 의해 관현악용으로 편곡되기도 했는데, 원곡의 세세한 뉘앙스를 잘 살려냈다는 평을 받고 있는 이 편곡 판도 오늘날 종종 연주되고 있다.

발레 음악을 제외한 차이콥스키의 대부분의 음악들은 격정적인 면이 강하지만 피아노곡으로 만든 『사계』는 뜻밖에 연필로 슥슥 그린 스케치처럼 담백하고 간결하다. 물론, 그의 작품 어디에서나 물신 거리는 러시아 특유의 색채와 슬라브적 정서는 이 작품에서도 당연하고, 피아노 소품이라는 점에서 더욱 정감이 짙다. 그러면서도 모처럼 편안하고 즐겁게 이 곡들을 만들던 차이콥스키의 모습이 떠오르게 하는 기분 좋은 작품이다.

어린 시절 어머니를 잃고 마더 콤플렉스에 시달렸으며, 지극히 예민하고 소극적인 성격인데다, 동성애자로 살아가느라 결혼에도 실패한 그다. 이후 평생을 독신으로 살았고, 끝내는 동성애자라는 이유로 러시아 황실에서 내린 사약을 마시고 삶을 끝내야 했던 차이콥스키의 비극으로 점철된 생애는 그의 음악에서 고스란히 드러난다. 당대의 연주자들마저 외면할 정도로 극한의 기교가 격정적이고 격정적인 그의 피아노 협주곡과 바이올린 협주곡, 어두운 바리톤을 주인공으로 세운 드라마틱한 오페라 『예브게니 오네긴』, 차마 박수를 칠 수 없을 만큼 비극미를 극한으로 끌어올린 『교향곡 6번 ‘비창’』 같은 음악들이 그것을 말해준다.

그러한 피폐했던 삶을 잊고자 했던 반대의 세계가 그의 발레 음악들일 것이다. 발레를 위한 반주 음악에 지나지 않던 발레 음악들을 독자적인 연주와 감상용 음악으로 끌어올린 작곡가가 바로 차이콥스키이다. 요즘 같은 연말에 연례 행사처럼 등장하는『호두까기 인형』이나『백조의 호수』,『잠자는 숲 속의 미녀』등이 그것인데, 마치 꿈결같이 아름답고 섬세한 그의 발레 음악들은 매서운 현실을 떠나 자신만의 환상의 공간에서 아름다운 공주를 구하고 세상을 구하는 왕자가 된 차이콥스키의 동심을 만난다. 이런 공간이 있기에 이 작곡가가 살아낼 수 있지 않았을까 하는 생각이 문득문득 들게 한다.

하지만,『사계』는 또 다른 차이콥스키의 면모이다. 세상에서의 고난도, 환상 속에서의 모습도 아닌, 현실 속에서 가장 편안했던 순간의 작곡가가 느껴지는 부분이다. 자신이 느낀 12개 달의 모습을 하나하나 차분하고 따뜻한 시선으로 그려낸 서정 시인 같은 모습으로 말이다.

특히,「크리스마스」는 크리스마스 날 밤에 아가씨들이 추는 왈츠의 정경을 묘사하고 있는 곡으로, 우아하면서도 기쁜 설렘이 그윽하게 전해져 오는 매력적인 곡이다. 피아노곡으로도 아름답고, 오케스트라 편곡도, 최근엔 현악 편곡도 종종 듣는데 저마다 나름대로의 특색으로 다가온다.

듣다 보면 아무리 고단했던 삶이라도 이 작곡가에게두 크리스마스는 역시 '크리스마스'였구나 하는 생각을 하게 된다. 흰 눈 내리는 겨울밤, 따뜻한 난롯가에서 맛있는 음식과 정겨운 사람들, 그 안에서 행복하고 모처럼 평안한 작곡가의 모습이 크리스마스를 맞는 설렘과 밝은 경쾌함으로 환하게 펼쳐진다. 이 행복이 있어서 그도 견뎌낼 수 있었던 건 아닐까?

크리스마스란 그런 것이다. 비단 종교적인 의미에 국한되는 것이 아닌,

우리 모두 메리 크리스마스! 신의 은총이 세상의 평화와 화합, 사랑
을 가득하게 하기를!

p.s. 감상을 원한다면

CD
- 차이콥스키: 사계 외 – 아슈케나지 / *Decca*
- 무소륵스키 & 차이콥스키: 전람회의 그림 & 사계 / 플레트네프 / *Virgin*
- 차이콥스키: 사계, 현을 위한 세레나데 / 스베틀라노프 지휘, 스베틀라노프 심포니 오케스트라
  / *Melodiya*
- 차이콥스키: 사계, 아렌스키: 피아노 삼중주 1번 / 아렌스키 트리오 / *Northern Flowers*

싸구려 보드카? 강렬하게 타오르는 보드카!

차이콥스키
바이올린 협주곡 D장조

이제는 성인 연주자로 자리매김한 신진 바이올리니스트의 협연이 있는 날, 연주자의 어머니는 그날도 어김없이 연주자 대기실로 가는 통로에 앉아 있다. 어릴 때부터 딸의 연주를 뒷바라지해 온 터라 당연히 딸의 대기실에 함께 하고 싶었을 그녀의 얼굴엔 걱정과 아쉬움, 내색할 수 없는 서운함이 엉켜 있었다. 성인이 된 딸이 더는 어머니의 손길을 필요로 하지 않아서이다. 오히려 간섭 내지는 불필요한 치맛바람 취급을 하는 바람에 그녀의 어머니는 졸지에 낙동강 오리알 신세가 되어 딸 주위를 맴돌게 되었다. 안쓰럽지만 어쩔 수 없기도 하다. 어린 자녀의 음악 행보를 뒷바라지해 온 부모들이 맞닥트리는 가장 힘든 터닝 포인트이기 때문이다.

〈패왕별회〉로 유명한 천카이거 감독의 2002년작 〈투게더〉에는 이런 부자가 나온다. 뛰어난 재능을 보이는 어린 아들의 바이올린 공부를 위해 북경으로 무작정 상경한 가난한 촌부 리우청이 아들 샤오천의 성공을 위해 온갖 고생을 다하고, 결국 소원대로 아들은 성공의 문턱에 오른다. 이제 기쁘게 성공의 열매를 맛볼 일만 있을 것 같지만, 아버지는 아들의 더 나은 미래를 위해 기꺼이 아들 곁을 떠나고자 한다. 그런 아버지를 위해 아들은 화려한 데뷔 무대를 버리고, 북경역으로 달려가 귀향하는 아버지에게 바치는 보은報恩의 연주를 펼친다. 당시 전 중국 대륙을 눈물로 적셨다고 하는 장면이다.

샤오천이 북경역에서 연주한 곡은 차이콥스키가 남긴 유일한 바이올린 협주곡인『바이올린 협주곡 D장조 op.35』이다. 어머니의 품에서 홀로서기를 시도하는 신진 연주자가 그날 연주한 곡이다. 바이올리니스트라면 반드시 레퍼토리에 넣어야 할 곡이며, 베토벤, 브람스, 멘델스존의 것과 함께 '4대 바이올린 협주곡'으로 불리는 명곡이다. 특히 강렬한 러시아적인 색채 덕분에 유럽 작곡가들에게서는 발견할 수 없는 슬라브 특유의 독특한 서정성과 아련한 슬픔의 미학이 매혹적인 작품이다.

이 곡은 1878년, 동성애자였던 차이콥스키가 38세에 결혼 생활에 실패하고 심한 우울증에 빠져 이탈리아와 스위스 등에서 요양 생활을 하던 시기에 작곡되었다. 그래서인지 음악은 우울하면서도 강렬한 비상飛上으로 요동치고, 기교는 더할 나위 없이 화려하다. 연주자로서는 대단히 난곡難曲인 셈이다. 너무 어려운 기교 덕분에 이 곡을 작곡했을 당시 '연주가 불가능한 곡'이라는 혹평을 받아 크게 낙망한 차이콥스키가 앓아누웠을 정도이니 말이다. 그가 헌정했던 당대의 거장 레오폴드 아우어가 '기교적으로 보아 도저히 연주가 불가능하다.'고 초연을 거부했기 때문이다.

이에 크게 실망한 차이콥스키는 이 곡을 3년 동안이나 발표하지 않고 묻어 두었는데, 아돌프 브로드스키라는 러시아의 바이올리니스트가 이 곡을 칭찬하면서 적극 권유하여 다시 발표할 용기를 얻게 된다. 그 결과, 1881년 12월 빈 필하모닉과 한스 리히터의 지휘, 브로드스키의 연주로 초연되었다. 하지만, 또다시 '싸구려 보드카의 냄새가 나는 작품'이라는 세간의 혹평에 다시금 절망하게 된다.

이 곡의 가치를 굳게 믿고 있던 브로드스키는 유럽 각지에서 이 곡을 계속 연주하여 결국 청중들의 인기를 얻는 데 성공한다. 결국, 첫 헌정자였던 아우어도 이 곡의 가치를 인정하고 자신의 레퍼토리로 연주함으로써 대성공을 거두고, 그의 제자들에게도 적극적으로 가르치게 되었다는 사연 많은 곡이다. 물론 차이콥스키는 이 작품을 브로드스키에게 헌정함으로써 아우어에게는 복수(?)를, 브로드스키에게는 보은을 하며 상심했던 마음에서 해방되었다.

자칫 다시 빛을 볼 수 없을 수도 있었던 이 곡의 '싸구려 보드카 냄새'라는 평가는 오늘날 전혀 다른 평가로 빛나고 있다. '싸구려 보드카'보다는 오히려 러시아 작곡가가 아니고서는 펼쳐 보일 수 없는 강렬한 리시아의 체취가 살아있는 '진정한 러시아의 냄새'로 말이다. 그 강렬한 민족적 '냄새'야말로 이 곡의 자랑이며 힘이라는 생각을 하면 참으로 격세지감이 아닐 수 없다.

세상이 아무리 변하고 바뀌어도 바뀔 수 없는 것들을 〈투게더〉는 역설하고 있다. 자식을 위해서는 내가 걸어왔던 가난이나 패배를 물려주지 않으려 발버둥 치는 부모들의 모습은 한국이나 중국이나 다를 것 없는 익숙한 풍경이다. 하지만 현실의 우리가 그렇듯, 부모의 마음을 이해하지 못하는 자식에겐 그런 부모가 때로 속물처럼 비치기도 한다. 그것이 부모가 자식에게 주는 최선의 가치라는 것을 불행히도 자식들은 늦게서야 깨닫는다. 삶의 아이러니인 것이다. 그렇지만, 그 가치의 의미가 으스러지는 것은 아니다. 아무리 비난을 받아도 결국 그 가치가 두고두고 빛을 발하는, 한 외로웠던 작곡가의 바이올린 선율처럼 말이다.

생전에 차이콥스키는 외로웠겠지만 그의 바이올린 협주곡은 오늘도 화려하게 빛난다. 북경역의 샤오천이 눈물 속에 연주한 선율이 그랬고, 어머니를 밀어낸 신진 연주자의 선율이 씩씩했다. 이 곡의 명연을 꼽으려니 손꼽기가 어려울 정도로 명멸하는 비르투오소들이 떠오르는 것도 짜릿한 기쁨이다. 그 강렬하게 타오르는 '진한 보드카' 같은 선율이 있어 오늘날 우리는 '명쾌하게' 행복하다.

CD
· 정경화, 프레빈 지휘, 런던 심포니 오케스트라 / *Decca*
· 하이페츠, 라이너 지휘, 시카고 심포니 오케스트라 / *RCA*
· 오이스트라흐, 오먼디 지휘, 필라델피아 오케스트라 / *SONY CLASSICAL*
· 무터, 카라얀 지휘, 빈 필하모닉 오케스트라 / *DG*
· 밀슈타인, 아바도, 빈 필하모닉 오케스트라 / *DG*
· 펄만, 메타 지휘, 이스라엘 필하모닉 오케스트라 / *Warner Classics*
· 사라 장, 콜린 데이비스 지휘, 런던 심포니 오케스트라 / *EMI Classics*

DVD
· 벨킨, 번스타인 지휘, 뉴욕 필하모닉 오케스트라 / *DG*
· 펄만, 오먼디 지휘, 필라델피아 오케스트라 / *Eklasse*
· 무터, 오자와 지휘, 베를린 필하모닉 오케스트라 / *euroarts*
· 벤게로프, 코간 지휘, 모스크바 국립 오케스트라 / *연세디지털미디어*

2장

클래식을 사랑하는 당신에게

낭만과 열정의 거장들

라흐마니노프 – 피아노 협주곡 2번 / 브람스 – 교향곡 1번 / 쇼팽 – 피아노 협주곡 1번 /

슈베르트 – 교향곡 9번 '그레이트' / 스메타나 – 블타바 / 마스카니 – 카발레리아 루스티카나 /

바빌로프(카치니) – 아베 마리아

마판 증후군 피아니스트의 더 할 수 없이 화려한 선율

라흐마니노프
피아노 협주곡 2번

〈호로비츠를 위하여〉라는 영화가 있다. 호로비츠 같이 위대한 피아니스트가 되고 싶었지만, 부족한 재능 탓에 꿈을 이루지 못했던 변두리 피아노 학원 선생과 천부적 재능을 지닌 소년과의 우정, 그리고 진한 성장을 그린 영화이다. 이 영화에서 가장 인상적으로 등장했던 음악이 라흐마니노프의 『피아노 협주곡 2번 op.18)』이다. 피아노를 공부하거나 피아니스트가 꿈인 이들이라면 반드시 음악적인 멘토로 꼽는 존재 중 하나가 블라디미르 호로비츠일 것이다. 때문에 〈호로비츠를 위하여〉라는 제목은 대단히 설득력 있는 제목이 아닐 수 없다. '호로비츠' 때문에 다시금 되돌아보게 되는 라흐마니노프는 1873년 우크라이나에서 태어나 1943년 미국에서 생을 마감한 작곡가이자 피아니스트이다. 2023년인 올해는 그의 탄생 150주년 기념의 해이다.

20세기의 거장 피아니스트 호로비츠를 누구보다 높게 평가했던 작곡가가 러시아의 작곡가이자 피아니스트였던 세르게이 라흐마니노프이다. 그는 호로비츠가 자신의 곡을 연주하는 것을 대단히 높게 평가했던 것으로 전해지는데, 특히『피아노 협주곡 3번』의 연주를 아꼈다고 한다. 그러니 호로비츠를 꼽고 있는 영화에서 라흐마니노프의 음악이 등장하는 것은 당연한 일이다. 문제는 호로비츠가 영화 속에 등장했던『피아노 협주곡 2번』을 녹음으로 남기지 않았다는 사실이다. 때문에 〈호로비츠를 위하여〉를 본 많은 이들이 그의 라흐마니노프 『피아노 협주곡 2번』음반을 찾는 바람에 갑작스러운 호로비츠 & 라흐마니노프『피아노 협주곡 2번』찾기 소동이 음반 매장마다 일었다고 한다.

라흐마니노프는 작곡가로도 유명하지만 아주 뛰어난 피아니스트였다. 특히 대단히 손이 크고 테크닉도 뛰어나 힘과 기교를 겸비한 당대 최고의 피아니스트였다. 흔히 뛰어난 연주자일 때 만든 음악은 기교면에서 최고의 극대화를 요하는 것이 강점이자 단점으로 여겨진다. 라흐마니노프의 피아노곡들도 그랬다. 모두 4곡의 피아노 협주곡을 남긴 그의 작품들은 하나같이 엄청난 기량이 필요한 대곡들이다. 물론 그 자신이 직접 연주할 것을 염두에 두고 만들었으니 당연한 일일 테지만, 그처럼 손이 크지 않고, 최고의 기량이 없는 여느 피아니스트들에게는 '절망으로 가는 폭주하는 기관차' 같은 것이 그의 피아노곡들이다.

최근 들어서는 라흐마니노프를 마판 증후군^{Marfan Syndrome} 환자로 추정하고 있기도 하다. '거미 손가락증'으로도 불리는 이 증후군은 선천성 발육 이상의 일종으로, 심혈관계, 눈, 골격계의 이상을 유발하는 유전 질환이다. 때문에 발과 손의 관절이 매우 느슨해지고, 특히 손가락을 길고 유연하게 만드는 특성이 있다고 한다. 이 추정이 맞는다면 정상적인 사람이 비정상적으로 발달한 라흐마니노프의 테크닉을 쉽게 따라 하기란 애당초 어려울 수밖에 없는 일일 것이다. 이러한 상황은 '사탄'이라고까지 몰렸던 전설적인 바이올리니스트 파가니니에게도 적용되는데, 재미있는 것은 파가니니의 음악을 소재로 해 라흐마니노프가 만든 곡이 있다는 것이다. 라흐마니노프의 『파가니니 주제에 의한 랩소디』가 그것이다. 마법의 손과 '사탄'으로 불린 바이올리니스트가 합쳐진 음악이라니! 그 기교와 낭만의 끝이 어떨지는 상상해 볼 일이다.

이런 이유들로 라흐마니노프는 작곡가이기 이전에 최고의 피아니스트였다. 물론 그 자신은 스스로를 작곡가라고 생각했겠지만, 생의 마지막 30여 년 동안은 어쩔 수 없이 자신의 작품을 연주하고 녹음하는 피아니스트로 살아야 했다. 배고플 수밖에 없는 작곡가여서일 수도 있으나, 궁극적으로는 그의 음악을 그가 가장 잘 연주하기 때문인 것이 더 큰 이유였을 것이다. 그가 남긴 4개의 피아노 협주곡은 각각의 매력과 특색이 있는데, 그중 2번과 3번이 가장 널리 알려져 있다. 1번의 경우, 10대 후반에 작곡했다가 훗날 대대적인 수정을 거쳤기 때문에 실질적으로는 2번이 첫 번째 협주곡이라고도 할 수 있다.

낭만주의라는 동시대에 살았고, 같은 러시아인인 차이콥스키를 가장 존경했던 라흐마니노프의 성향 덕분인지 그의 음악에선 얼핏 차이콥스키의 향기가 맴돈다. 두 사람 모두 유럽식 음악을 지향했음에도 어쩔 수 없는 '러시아 향취'가 각자의 음악에 그득한 점도 두 사람을 비슷하게 보이는 요소라 하겠다. 덕분에 라흐마니노프의 경향을 '회고적'이라고 하거나, '낭만파의 마지막 작곡가'라고 평하는 이들도 있다. 하지만 그것이 라흐마니노프 음악의 매력이기도 하다. 게다가 그의 『피아노 협주곡 2번』은 라흐마니노프 음악 인생의 새로운 지평을 여는 분기점이었다. 그가 모스크바 음악원을 졸업하고 3년 뒤에 쓴 『교향곡 1번』이 실패하면서부터의 일이다. 당시 비평가들로부터 엄청난 악평을 받았던 라흐마니노프는 극도의 실망과 낙담에 빠져 심한 우울증에 빠지게 된다. 이를 피해 잠시 영국으로 연주 여행을 한후 모스크바로 돌아와 다시 작곡을 시도해 보기도 하지만, 2년 전에 받았던 비평가의 처참한 칼날이 두려웠던 그는 점차 신경 쇠약에 빠지고, 급기야는 정신과 의사의 신세를 진다.

이러한 라흐마니노프를 다시 일으켜 세운 인물이 그의 담당의 다르 박사였다. 다르 박사는 라흐마니노프가 다시 용기를 갖도록 꾸준히 힘을 주었고, 그의 격려에 힘입어 탄생한 것이 『피아노 협주곡 2번』이었던 것이다.

'크렘린의 종소리'라고도 불리는 장중하고 우아한 첫 터치로 시작되는 『피아노 협주곡 2번』은 마치 광활한 시베리아 벌판을 말 달리는 듯한 그림이 절로 펼쳐진다. 뒤이어 애수에 찬 감미로움이 더 할 수 없이 아름다운 2악장, 폭발하는 듯한 카리스마와 화려한 피날레가 그야말로 벌떡 일어서고 싶게 만드는 3악장까지, 누가 뭐래도 '러시아적인', '러시아일 수밖에 없는' 깊은 감동으로 밀려든다. 이렇게 완성된 『피아노 협주곡 2번』은 다르 박사에게 헌정되었고, 1945년

데이비드 린 감독의 영화 〈밀회〉를 비롯한 많은 영화, 드라마, CF에 삽입되면서 더욱 유명해졌다.

라흐마니노프의 건강 역시 이 곡의 성공으로 다시는 헤매지 않았던 것으로 전해진다. 그도 그럴 것이 그 자신도 이 곡을 통해 더할 나위 없이 후련하게 모든 것을 토해내었을 것이다. 요즘 흔히 얘기되고 있는 '힐링'의 진정한 원조라고 하면 무리일까 싶을 정도로 말이다.

귀족 출신인 라흐마니노프는 1917년 사회주의 혁명이던 볼셰비키 혁명을 도저히 받아들일 수 없어 미국으로 망명했다. 미국에 정착 후 조국으로 돌아갈 날을 고대했지만, 제2차 세계 대전의 발발로 실현되지 못한 채 베버리 힐즈에서 세상을 떠났다. 하지만, 그는 음악으로 귀향했던 것이다. 그의 『피아노 협주곡 2번』을 들으면 절로 들게 되는 생각이다. 그러고 보니 이 곡의 녹음을 남기지 않은 호로비츠가 더 아쉬워진다. 〈호로비츠를 위하여〉라는 제목이 그런 탓인지 묘하게 절묘하다는 생각이 들기도 한다.

p.s. 감상을 원한다면

CD
• 리흐테르, 카라얀, 빈 필하모닉 오케스트라 / *Universal*
• 키신, 게르기예프, 런던 심포니 오케스트라 / *SONY CLASSICAL*
• 아슈케나지, 프레빈, 런던 심포니 오케스트라 / *Decca*
• 루빈스타인, 쥐스킨트, NBC 심포니 오케스트라 / *NAXOS*
• 베레좁스키, 리스, 우랄 필하모닉 오케스트라 / *MIRARE*

지휘자를 휘청이게 한 거장의 울림, 시립교향악단의 참 모습

브람스
교향곡 1번

'음악가들 중에서 가장 장수하는 쪽은 어떤 연주자들인가'라는 질문을 종종 받는다. 정해진 것도, 확실한 것도 아니지만 대개는 지휘자가 가장 장수하는 편이고, 이어 피아니스트, 현악기 주자로 이어지며, 성악과 관악기가 비교적 단명하는 경우가 많다. 지휘자가 장수하는 이유는 평생 동안 온몸을 쓰는 에어로빅(?)을 하기 때문이라는 설, 음악이라는 명제 앞에서 마음껏 독재가 가능하다는 설 등이 우스갯소리로 있다.

반면, 그렇기 때문에 갑자기 요절하는 경우도 적지 않다. 『아이다』 공연 중 쓰러져 요절한 이탈리아의 지휘자 주세페 시노폴리가 그랬고, 1990년대 말 베를린 필하모닉의 차기 상임 지휘자 후보로 유력했던 라트비아 출신의 거장 마리스 얀손스는 심장 발작으로 지휘대에서 쓰러져 이후 인공심장을 달고 지휘대로 올랐다. 독재를 하려면 그만큼 막중한 책임도 따르기 때문이리라.

　지휘자가 무대 위에서 쓰러지는 놀라운 일이 우리나라에서도 일어났다. 지난 2015년 대구 시립교향악단 공연에서 쓰러진 음악 감독 겸 상임 지휘자 줄리안 코바체프가 그 주인공으로, 이날 앙코르 공연 중 코바체프가 갑작스레 쓰러졌다. 모두 깜짝 놀랐지만 다행히도 적극적인 여러 관객들의 도움으로 회생할 수 있었다. 천만다행이다.

　'이날의 프로그램이 무엇이었기에'라는 생각에 찾아보니 브람스였다. 브람스의 『바이올린 협주곡 D장조 op.77』과 『교향곡 1번 op.68』. 물론 다른 이유들도 있겠지만 음악만을 보더라도 그럴 만한 무게감이었겠다 싶은 생각이 든다.

　브람스는 바흐, 베토벤과 더불어 독일 음악의 3대 거장(3B)으로 불리는 작곡가이다. 그런 브람스의 『바이올린 협주곡 D장조』와 『교향곡 1번』은 각각 그 무게감이 대단한 곡으로 정평이 나 있다. 그의 절친한 친구이며 당대 최고의 바이올리니스트였던 요제프 요아힘에게 헌정했던 『바이올린 협주곡 D장조』는 베토벤, 멘델스존, 차이콥스키와 함께 4대 바이올린 협주곡으로 꼽히는 걸작으로, 협주자 못지않게 오케스트라의 비중이 만만치 않은 대곡이다.

　『교향곡 1번』은 또 어떤가? 이 작품은 브람스가 20여 년의 장고[長考] 끝에 나온 작품이다. 22세에 작곡에 돌입해 43세가 되던 1879년에 초연되었던 것이다. 마흔이 넘어 첫 교향곡을 발표했을 만큼 작곡가가 얼마나 신중하게 공을 들였는지 짐작할 수 있는 대목이다. 베토벤을 누구보다 존경했고, 그의 9개 교향곡과 같은 교향곡을 쓰고자 했던 브람스는 베토벤의 『교향곡 5번 '운명'』과 『교향곡 9번 '합창'』을 모티브로 삼아 자신의 『교향곡 1번』을 탄생시켰다. 덕분에 1악장은 『교향곡

5번 '운명'』의 1악장을, 4악장의 주제는 『교향곡 9번 '합창'』의 「환희의 송가」를 연상케 한다. 때문에 초연 후 당대의 지휘자 한스 폰 빌로는 브람스의 이 곡을 두고 '우리는 드디어 10번 교향곡을 얻었다.'고 감격했다고 전해진다. 불멸의 9개 교향곡의 뒤를 잇는 또 하나의 교향곡으로 칭한 것이다.

브람스는 마치 성직자와 같은 생을 살았던 인물이다. 스승 슈만의 아내 클라라 슈만을 사랑했지만 슈만의 죽음 이후에도 그 마음을 가슴에 담고 평생을 독신으로 살며 스승의 아내로만 도왔다. 음악에 대한 자세는 또 어떠했는가. 일생을 통해 한결같이 경건함과 깊은 열정으로 마주했던 음악가가 바로 그였다. 그런 그가 20여 년을 고민하며 풀어낸 『교향곡 1번』은 심원한 깊이와 함께 우수에 젖은 목가^{牧歌}가 장엄하게, 또는 열정적으로 휘몰아치는 대작이다. 특히, 4악장의 마지막 피날레는 생의 모든 갈등이 해결되고 강물처럼 흐르는 충만한 해탈의 경지가 가슴 벅차게 끓어오르는 감동의 물결이다.

줄리안 코바체프는 이 브람스 무대에 앞서 '완벽함을 추구하는 장인의 손길이 느껴지는 진정한 걸작을 완벽한 이해와 깊이 있는 해석으로 관객들에게 감동적인 무대를 선사하겠다.'고 말한 바 있다. 그리고 그는 모든 연주가 끝나고 쓰러졌다. 순간 그도 '주체할 수 없이 끓어올랐던 것일까?' 싶을 만큼… 이날 그는 두 곡의 연주를 끝낸 후 환호하는 청중들의 인사에 답을 하기 위해 다시 무대에 올라 "나와 연주자들과 당신들을 위해서 「사랑의 인사」를 하겠다."는 우리말 인사를 한 뒤 엘가의 「사랑의 인사」를 연주하던 중 쓰러진 것이다.

게다가 이번 연주는 전석 매진이 되어 다음날 앙코르 공연을 한 번

더 할 예정이었다고 한다. 브람스 연주를 앙코르 공연까지 하게 하는 대구의 음악 열정이 놀라울 뿐이다. 흥미로운 것은 코바체프가 애초에 앙코르를 하지 않겠다고 했다 한다. 그런데 앙코르 공연이 성사될 정도로 대단한 청중의 환호에 보답하는 마음으로 앙코르를 하다가 쓰러진 것이다. 이 거대한 걸작들을 연주하고 앙코르를 하긴 쉽지 않다. 그런데 이번만큼은 앙코르라는 것이 얼마나 고마운 요청이었나 싶다. 만일 그날 코바체프가 앙코르 없이 연주를 끝내고 돌아가다가 쓰러진 것이라면 어쩔 뻔했는가? 식은땀이 나는 상상이다.

또한, 눈에 띄는 것은 쓰러진 지휘자를 살리기 위해 무대 위로 뛰어든 시민들이다. 거기엔 의사도 있었고, 소방관도 있었다. 그야말로 완벽한 천운이었던 것이다. 한편으론 클래식 공연은 일부 계층만을 위한 무대라는 편견을 깨는 신선함이다. 자신들이 살고 있는 도시의 시민들을 위해 연주하는 시립교향악단, 그래서 의사도 소방관도 다양하고 즐겁게 음악을 나누는 모습, '시립교향악단'이라는 존재의 진정한 모습은 바로 이러한 것이 아닐까? 평생에 걸쳐 녹여 낸 자신의 음악과 생각을 이토록 다양한 사람들이 즐기며 함께 했다는 것…. 브람스에게는 그 노고에 대한 최고의 보답이었으리라는 생각도 든다.

CD

- 샤를 뮌슈 지휘, 파리 관현악단 / *ERATO*
- 카라얀 지휘, 베를린 필하모닉 오케스트라 / *Universal*
- 칼 뵘 지휘, 베를린 필하모닉 오케스트라 / *Music Zoo*
- 푸르트뱅글러 지휘, 빈 필하모닉 오케스트라 / *Warner Classics*
- 귄터 반트 지휘, 북독일 방송 교향악단 / *Profil*

DVD

- 번스타인 지휘, 이스라엘 필하모닉 오케스트라 / *Eklasse*
- 얀손스 지휘, 빈 필하모닉 오케스트라 / *EuroArts*
- 샤를 뮌슈 지휘, 프랑스 국립 방송 교향악단 / *EMI Classics*

피아니스트들의 염원, 쇼팽, 쇼팽 콩쿠르, 드디어 정복하다

쇼팽
피아노 협주곡 1번

지난 2015년, 심한 미세먼지와 가뭄으로 온 나라가 시달리고 있는 때, 그야말로 가뭄에 단비 같은 기쁘고 신나는 소식이 바르샤바로부터 들려왔다. 한국의 피아니스트 조성진이 제17회 국제 쇼팽 피아노 콩쿠르에서 우승했다는 소식이다. 한국인 최초의 쾌거이다. 피아니스트라면 누구나 선망하는 최고의 콩쿠르인 쇼팽 콩쿠르는 1927년 창설해 5년마다 열리는데, 보통 퀸 엘리자베스, 차이콥스키 콩쿠르와 더불어 3대 콩쿠르로 손꼽히는 세계적 권위의 콩쿠르이다. 16~30세의 연주자들이 쇼팽의 곡만으로 겨루는 이 콩쿠르에서 당시 160명이 참가해 결선에서 10명이 경쟁했다. 한국인으론 유일하게 조성진이 결선에 올랐다. 이것도 10년 만의 일이다. 2005년 임동민, 임동혁 형제가 공동 3위에 오른 후 많은 피아니스트들이 도전했지만 연거푸

우승 도전에 실패하면서 한국인에게 '마의 벽'으로 여겨지던 콩쿠르였는데, 마침내 21세의 조성진이 그 벽을 깬 것이다.

또 있다. 같은 해 5월 벨기에에서 열린 퀸 엘리자베스 콩쿠르에서 바이올린 임지영이 역시 한국인 최초로 우승을 했고, 이어 9월에는 이탈리아 볼차노에서 열린 제60회 부소니 국제 콩쿠르에서 문지영이 동양인 최초, 한국인 최초로 우승을 했다. 오직 피아니스트들만의 경연이라는 점에서 부소니 국제 콩쿠르는 쇼팽 콩쿠르와 함께 최고의 피아노 콩쿠르로 꼽히며, 마르타 아르헤리치, 알프레드 브렌델을 배출한 유서 깊은 콩쿠르이다. 2015년은 한국 클래식 음악계가 새로운 비상을 하는 축복의 해였던 것 같다.

이번 쇼팽 콩쿠르에서 조성진은 결선 무대 첫 연주자로 나서게 돼 그 긴장이 남달랐던 것으로 전해진다. 그러나, 현장에 있던 그의 후원자 바이올리니스트 정경화에게 쇼팽 콩쿠르 우승자이며 심사위원인 피아니스트 크리스티안 짐머만이 '대체 이 친구가 누군가? This is Gold!'라고 문자를 보냈다고 전해질 만큼 드물게 완벽하고 아름다운 연주를 펼쳤다. 그 곡이 바로 쇼팽의 『피아노 협주곡 1번 op.11』이다.

피아니스트들에게 쇼팽은 조상이고, 출발점이며, 넘어야 할 최고의 산이다. 피아노 음악의 모든 것을 구축한 이가 쇼팽이기 때문이다. 그에게 '피아노의 시인'이라는 호칭이 따라붙는 것은 그래서이다. 그가 남긴 두 개의 피아노 협주곡 중 하나가 1번이다.

쇼팽이 1830년에 작곡한 『피아노 협주곡 1번』은 조국 폴란드를 떠나기 직전인 1830년 10월 11일 바르샤바의 국립 극장에서 열린 그의 고별 연주회에서 초연된 곡이다. 당시 스무 살이던 쇼팽은 조국 폴란드가 처한 현실과 그런 조국을 떠나야 하는 상황을 가슴 아파하던 청년이었다. 가족과 마지막 휴가를 보낸 뒤 마지막 연주회에서 연주한 곡이 『피아노 협주곡 1번』이고, 환송식이 열린 자리에서 폴란드의 흙이 담긴 은잔이 그에게 수여되었다. 이후 11월, 쇼팽은 '죽기 위해 떠나는 것 같은 기분이다.'라는 느낌을 표명하며 조국을 떠났는데, 결국 다시는 밟아보지 못한 고국 땅이 되었다.

조국 폴란드와의 작별곡이기도 하지만 그 곡에는 또 다른 그만의 사연이 있다. 1829년 8월 빈에서 성공적인 연주회를 마치고 바르샤바로 돌아온 19세의 쇼팽에게 다가온 사랑이다. 그는 태어나 처음으로 여인에게 사랑의 감정을 느끼게 되는데, 폴란드 음악원 학생이었던 성악가 콘스탄치아 글라드코프스카였다. 첫사랑에 빠진 열아홉 살의 피아니스트는 자신이 처음 느끼는 강렬한 기분과 뜨거운 가슴을 고스란히 음악에 담았는데, 그것이 『피아노 협주곡 1번』 2악장 로망스와 『피아노 협주곡 제2번』의 라르게토(Larghetto, 라르고보다 조금 빠르게) 악장에서 찬란하게 펼쳐진다.

안타깝게도 쇼팽의 첫사랑은 짝사랑으로 끝이 났다. 말조차 건네 보지 못한 사랑이다 보니 콘스단치아 본인도 자신을 찍사랑한 쇼팽의 마음을 눈치 채지 못했고, 쇼팽이 세상을 뜨고 난 뒤 모리츠 카라소프스키가 쓴 쇼팽 전기를 접하고서야 비로소 진실을 알게 된 것으로 전해진다. 대신 바르샤바 시대의 절정을 장식하며 낭만주의 협주곡 양식의 새로운 전기를 마련한 쇼팽의 두 개의 피아노 협주곡이 그 안타까움을 메꾸고 있다.

쇼팽 콩쿠르 우승자인 조성진은 쇼팽의 작품을 '기품있고, 극적이고,

시적이며, 향수를 불러일으키는 음악'이라고 표현하고 있다. 20대 초반의 젊은 피아니스트가 '기품있다'고 꼽을 정도로『피아노 협주곡 1번』은 쇼팽의 아름다운 선율이 극대화된 곡이다. 특히 짝사랑의 설렘을 담은 2악장 로망스의 선율미는 더할 나위 없는 쇼팽 음악의 선물이다. 학자들 사이에선 피아노 협주곡치고는 오케스트라 부분이 많이 약하고 불균형한 부분을 부족함으로 지적하기도 한다. 하지만, 피아니스트로서의 쇼팽이 관현악 기법에 미숙할 수밖에 없는 것은 당연한 일이었을 것이고, 그것을 더 채우기 전에 세상을 떠났던 것을 감안하면 이 작품이 남아있다는 것만으로도 더 바랄 것이 없을 터이다.

CD
- 루빈스타인, 발렌슈타인 지휘, LA필하모닉 오케스트라 / *NAXOS*
- 짐머만 피아노 & 지휘, 폴리쉬 페스티발 오케스트라 / *DG*
- 아르헤리치, 아바도 지휘, 런던 심포니 오케스트라 / *DG*
- 폴리니, 클레츠키 지휘, 네이셔널 드 라 RIT 오케스트라 / *BELLE AME*
- 바이젠베르크, 스크로바체프스키 지휘, 파리 음악원 오케스트라 / *ERATO*
- 백건우, 비트 지휘, 바르샤바 필하모닉 오케스트라 / *Decca*
- 키신, 키타엔코 지휘, 모스크바 필하모닉 오케스트라 / *Melodiya*

DVD
- 키신, 메타 지휘, 이스라엘 필하모닉 오케스트라 / *EuroArts Euroarts*
- 바렌보임, 넬손스 지휘, 베를린 슈타츠카펠레 / *Arthaus Musik*

잊혀질 뻔한 거장의 위대한 걸작

슈베르트
교향곡 9번 '그레이트'

몇 년 전부터 공연장에서 보는 재미있는 풍경 하나, 인터미션 (Intermission-연극, 영화, 공연 중간에 갖는 휴식 시간) 후 재입장할 때 입구에 선 안내원이 이렇게 안내를 할 때가 있다. "이번에 연주될 곡은 1시간입니다." 호기롭게 입장하던 몇몇 관객들의 발걸음이 순간 멈칫하는 지점이다. 반면 비장하게 결의를 다지는 얼굴로 곧 만날 사투死鬪를 준비하며 자리로 들어가는 관객들의 표정도 만만치 않게 흥미롭다.

슈베르트의 마지막 교향곡인 『교향곡 9번 '그레이트Great'』는 이렇게 '당혹함'이나 '사투'에 들어가야 하는 무려 1시간여에 육박하는 거대한 곡이다. 가히 '그레이트'란 부제가 붙을 만한 곡이고, 유독 '슈베르트답지 않은' 분위기로도 특별한 작품이다. '슈베르트답지 않다.'라는 것은 특히 예술가곡이란 장르를 구축한 '가곡의 왕'이란 호칭답게 노래가 되는 멜로디 선율을 중시하는 낭만적이고 아름다운, 다소 여성적인 섬세함과는 다르다는 얘기일 것이다. 『교향곡 9번』은 이러한 슈베르트 음악의 대체적인 분위기임에 반해 '그레이트'라는 부제답게 선이 굵고 남성적이다.

결과적으로, '대 교향곡'이라는 느낌을 갖게 된 9번에 '그레이트'라는 별칭이 붙게 된 것은 작곡가인 슈베르트의 생각은 아니고, 같은 다장조인 『교향곡 6번』과 구분하기 위해 편의적으로 붙인 것이다. 같은 다장조의 곡인 『교향곡 6번』에 비해 길이도 길고 필요로 하는 관현악단의 편성도 컸기 때문에 붙여진 편의적인 것이었다. 시와 음악, 그것을 유려하게 표현하는 것에 특히 남달랐던 슈베르트에게 이런 강함과 열정이 있었나 하는 생각을 하게 하는 것이 『교향곡 9번』이다. 단일한 리듬으로 통일된 네 개의 악장이 힘과 무게감을 강하게 유지하며 극적인 절정으로 치닫는 9번은 그가 작곡한 어떤 곡보다 풍부한 감정이 휘몰아치는 힘의 폭발이 가장 큰 특징이다. 그 남다름 때문이었을까? 9번은 '9번'이라는 번호를 부여받기까지 여러 우여곡절이 있었다.

9번 교향곡에게 처음 부여된 번호는 원래 7번이었다. 출판 당시였던 1829년에 맞춘 것인데, 당시까지 슈베르트의 교향곡은 1~6번까지만 알려져 있었기 때문이었다. 그리고, 마지막으로 번호가 없는 『미완성 교향곡』이 있었다. 이후 단순한 스케치 상태였던 『교향곡 E장조』가 발견되면서 이를 어떻게 슈베르트의 작품 목록 속에 위치시킬 것인가의 문제가 불거졌고, 그 결과 다시 작곡 연대순으로 번호가

재배치되었다. 즉, 작곡 순서에 따라 『교향곡 E장조』를 7번, 『미완성 교향곡』을 8번, 『교향곡 ‘그레이트’』를 9번으로 부르게 되었고, 이것이 오늘날 보편적으로 일컬어지는 슈베르트의 교향곡 번호로 정착되었다.

그러나, 오토 에리히 도이치의 신작품 목록에는 『교향곡 E장조』가 실제로 연주가 불가능한 작품인 것을 고려해 번호를 삭제하고 『미완성 교향곡』과 『교향곡 ‘그레이트’』에 각각 이전의 7번과 8번 번호가 부여되어 있다. 가끔씩 교향곡 8번과 9번을 7번과 8번으로 표기하는 경우를 볼 수 있는 것은 7번이었던 교향곡 E장조가 사라진 것으로 보기 때문이다.

슈베르트는 이 곡을 10년 이상의 시간에 걸쳐 심사숙고해서 완성했다. 1928년 3월, 그가 31세 되던 봄에 비로소 완성되었지만 불행히도 그는 이 대작이 연주되는 것을 보지 못하고 세상을 떠났다. 완성된 초고를 갖고 빈의 음악 애호가 협회를 찾아가 연주할 것을 부탁했으나 너무 어렵고 길다는 이유로 거절당하고 그해 가을에 세상을 떠났기 때문이다. 이후 이 곡이 세상에 빛을 보인 것은 10여 년이 흐른 1839년이있다.

슈베르트에게 특히 관심이 많았던 슈만이 빈을 방문하면서였다. 슈베르트의 유품은 그의 둘째 형이 보관하고 있었는데 슈베르트의 묘를 찾아본 슈만이 그를 찾아 유품을 살펴본 것이다. 수북이 쌓인 악보 더미에서 슈만이 발견한 곡이 바로 9번이었고, 깜짝 놀란 슈만은 이 곡을 라이프치히로 보내 연주와 출판을 알선할 것을 약속한다. 약속대로 1839년 게반트하우스의 정기 연주회에서 멘델스존의 지휘로 역사적 초연이 이루어지고 출판까지 동시에 이루어지면서 비로소 위대한 9번이 세상에 나타난 것이다.

1년 후인 1840년 슈만은 이 교향곡에 대한 논문을 발표했고, 이 방대한 걸작을 장 폴(Jean Paul, 괴테에 비견되는 독일의 문호)의 4권의 장편 소설에 비유할 만한 '천계天界의 유장悠長함'이라 극찬했다. 이제껏 우리가 한 번도 가 본 적 없는 세계로 우리를 인도한다는 뜻이리라. 이후 이 곡이 얘기될 때마다 '천계의 유장함'이란 표현이 함께 하게 된 이유이다.

우리가 한 번도 가 본 적 없는 슈베르트의 또 다른 세계를 보여 준 9번은 결국 그의 최후의 작품이 되었다. 10번을 쓰던 중이었으나 완성하지 못했기 때문이다. 결국 그도 '9번 교향곡 징크스'를 벗어나지 못한 셈이다. 베토벤을 누구보다 존경했던 그였으니 어쩌면 당연한 수순이려나? 존경해 마지않던 베토벤도 흡족한 미소로 '그레이트'라고 엄지손가락을 치켜 세울만한 곡을 남겼으니 그 앞에서 행복했을 것 같기도 하다. 한 시간이란 연주 시간이 어떤 이에게는 '공포'일 수도 있지만, 그 외의 많은 이들에게는 잊혀지지 않을 감동의 시간이 될 것이니 말이다.

CD

- 푸르트뱅글러 지휘, 베를린 필 / *NAXOS*
- 솔티 지휘, 빈필하모닉 오케스트라 / *Decca*
- 카를로 마리아 줄리니 지휘, 시카고 심포니 / *DG*
- 귄터 반트 지휘, 베를린 필 / *RCA*
- 카라얀 지휘, 베를린 필 / *DG*
- 번스타인 지휘, 뉴욕 필하모닉 오케스트라 / *SONY CLASSICAL*
- 아바도 지휘, 모차르트 오케스트라 / *DG*

DVD

- 레너드 번스타인 지휘, 바이에른 방송 교향악단 / *Eklasse*
- 칼 뵘 지휘, 빈 심포니 오케스트라 / *Medici Arts*
- 귄터 반트 지휘, NDR신포니오케스트라 / *Arthaus Musik*

체코의 정신, 민족의식을 그려낸 걸작

스메타나
블타바

　최근 체코 여행을 다녀온 이가 그곳에 모차르트 사랑이 대단하더라고 했다. 오스트리아인인 모차르트가 고향 빈보다 체코에서 더 큰 사랑을 받는 것이 신기했다는 감탄과 함께 말이다. 오랫동안 오스트리아 합스부르크 제국의 식민지였던 체코는 오스트리아와 독일의 흔적이 많고, 특히 모차르트가 이 나라를 유난히 사랑한 것은 유명하다. 그의 『교향곡 38번』의 부제가 '프라하'인 것과 오페라 『돈 조반니』의 초연을 프라하 에스테이트 극장에서 연 것 등을 보아도 그렇다.

　프라하에서 만난 모차르트에 흥분한 그에게 '몰다우강은 보았는가'를 물었다. 역시 큰 감탄과 함께 따라 나오는 이름이 스메타나였다. 물론 그에 앞서 드보르자크의 이름이 먼저 나오긴 하지만. 그래서일까? 음악을 좋아하는 이들에게 프라하라는 도시는 이런저런 많은 것들을 생각하게 한다. 한 도시에 어쩌면 이렇게 다양한 영욕의 흔적이 있는 가 싶어서이다. 타국의 작곡가가 자국의 작곡가보다 사랑을 받는가 하면, 이 도시의 영욕과 희망을 음악으로 승화시킨 애국의 작곡가들, 그리고 그것을 한마디로 증거하는 음악이 있다는 것. 덧붙여 이 모든 것을 관통하는 상징의 젖줄 몰다우강의 존재 앞에서다.

한동안 모차르트의 영롱하고 우아한 음악으로 넘실대던 프라하에 진정한 보헤미아의 선율이 흐르기 시작한 것은 19세기에 이르러서이다. 보헤미아의 민족의식이 싹트면서 체코의 독립 염원을 담은 국민악파 음악가들이 하나 둘 등장하면서였다. 그중 대표적인 인물이 스메타나 이다.

아버지의 반대를 무릅쓰고 프라하에서 음악 공부를 하던 스메타나 는 1848년 프라하에서 일어난 혁명 운동에 큰 감화를 받는다. 비록 오스트리아 제국의 탄압으로 독립을 이뤄내진 못했지만, 이 사건 이후 스메타나는 체코 민족 음악에 투신하기로 결심하고 평생 체코 민족 의 정서를 담은 음악을 작곡하는 데 온 힘을 쏟았다.

그 결과 열매를 맺은 작품이 바로 6곡으로 이루어진 연작 교향시 『나의 조국』이다. 1883닌 작곡된 이 교향시는 「비세흐라드」, 「블타바」, 「샤르카」, 「보헤미아의 숲과 초원에서」, 「타보르」, 「블라니크」의 6곡으 로 이루어지는데, 보헤미아의 역사와 전설을 배경으로 하여 자연, 전 설 및 역사를 칭송하는 내용으로 되어 있어 체코의 음악 문화를 세계 적으로 드높이는 데 크게 기여했다.

프라하에 헌정된 곡으로도 유명한 이 작품에서 가장 유명한 것이 2곡 「블타바」이다. 우리에겐 독일어인 「몰다우 The Moldau」로 알려져 있고, 독일어를 쓰는 가정에서 자라 성인이 된 뒤에 체코어를 배운 스메타나의 개인 이력과, 아직도 독일어를 많이 쓰는 체코의 특성 탓에 생긴 혼선이다. 하지만 체코의 혼을 알리고자 했던 작곡가의 뜻을 존중한다면 「몰다우」가 아니라 「블타바」로 부르는 것이 맞다.

블타바강은 체코 남부에서 발원하는데, 그 흐름은 프라하를 꿰뚫고, 프라하의 북쪽 32km인 메르니크 부근에서 엘베강과 합류하는 장장 430km의 긴 강이다. 이 흐름은 독일 중부를 꿰뚫고 작센에서 북해로 흘러들며, 프라하의 아름다운 풍광을 돋보이는 데 한몫하는 존재이다. 13개의 다리가 걸려 있고, 왼쪽 기슭에는 1,000년의 역사를 간직한 고성 비셰흐라드와 속칭 프라하성이라 불리는 플라차니성이 솟아 있다. 그리고, 프라하를 살리는 소중한 젖줄이요 생명이다. 마치 우리나라 서울이 한강의 흐름과 함께 살아왔듯이 프라하의 모든 것은 블타바강의 품에서 흥망성쇠를 이어온 것이다.

스메타나는 이 블타바강을 주목했고, 도도한 체코의 정신을 음악으로 승화시켰다. 덕분에 체코를 대표하는 작곡가로 드보르자크를 스메타나 보다 먼저 꼽지만, 체코를 대표하는 작품은 스메타나의 『나의 조국』이 앞선다. 그리고 가장 체코의 정신이 잘 살아있는 걸작으로 손꼽히게 되었다. 이를 기념하기 위해 체코인들은 매년 5월 12일부터 약 3주간 〈프라하의 봄〉을 열어 작곡가의 정신을 계승하고 있다. 1946년 종전의 기쁨과 함께 체코 필하모닉 창립 50주년을 기념해 당시 상임 지휘자였던 라파엘 쿠벨릭이 시작한 축제이다.

이 축제를 돌려받은 것이 1989년과 1990년이다. 동구권의 민주화 운동의 중심에 있던 바츨라프 하벨이 이룬 체코의 민주화와 이들에

적극 협력했던 체코 필하모닉, 1948년에 소련의 사주를 받은 사회주의자들이 일으킨 쿠데타로 체코의 민주화가 좌절되자 택했던 40여 년의 망명을 접고 돌아온 거장 라파엘 쿠벨릭이 감격 속에 지휘봉을 잡으면서였다. 당시 흥분과 감격으로 얼굴이 붉게 상기된 채 힘차게 지휘봉을 휘두르는 쿠벨릭과 이를 지켜보면서 눈물을 흘리는 하벨 대통령, 체코 시민들의 깊은 회한의 표정은 전 세계에 깊은 인상을 남겼다.

'민족에 대한 사랑'과 '그리움이란 보편적인 정서'라는 점에서 이 곡은 타국 무대에서도 큰 감동을 일으킨다. 특히 비슷한 아픔의 역사를 가진 우리나라에서 자주 강하게 촉발되곤 하는데, 일제 강점기에 안익태 선생이 이 곡을 지휘하면서 눈물을 흘리며 조국의 독립을 갈망했다는 일화는 유명하다. 또, 2002년 북한의 조선국립교향악단과 우리나라의 KBS교향악단이 협연하는 자리에서도 「블타바」가 연주되었다. 작은 물줄기가 큰 강을 이루는 풍경을 묘사한 「블타바」처럼 남북 화해와 협력의 물꼬를 틔우라는 뜻이었다고 한다.

오래 전 한 민간 교향악단이 어렵게 창립 무대를 가지면서 이 곡을 선택하기도 했다. 당시 지휘자와 단원들이 연주를 마치면서 눈물로 하나 되던 장면을 기억한다. '왜 이 곡에서?'라고 의문을 제기할 목석 같은 이는 없으리라. 아쉬운 것은 이왕이면 우리네 '한강'을 노래한 곡이 있었더라면 하는 점이다. 파리에는 센강이, 프라하에는 블타바, 하다못해 미국의 스와니강도 있는데, 우리 한강은 왜 없는 걸까? 작곡가들의 분투를 바랄 뿐이다.

CD

- 쿠벨릭 지휘, 체코 필하모닉 오케스트라 / *Supraphon*
- 바츨라프 노이만 지휘, 라이프치히 게반트하우스 오케스트라 / *Berlin Classics*
- 조지 셀 지휘, 클리브랜드 오케스트라 / *SONY CLASSICAL*
- 카라얀 지휘, 베를린 필하모닉 오케스트라 / *DG*
- 푸르트뱅글러 지휘, 빈 필하모닉 오케스트라 / *EMI*

DVD

- 스메타나: 나의 조국 전곡, 다큐멘터리 '가장 젊은 프라하의 봄' / *Supraphon*
- 안체를 지휘, 체코 필하모닉 오케스트라 / *Supraphon*
- 아르농쿠르 지휘, 유럽 실내 관현악단 / *ORF*

부활절의 비극, 그러나 향기로운 오렌지 향기

마스카니
카발레리아 루스티카나

커피를 대단히 즐기는 연주자 한 분이 그 좋아하는 커피를 못 마셔서 전전긍긍하고 있었다. 너무 간절해 보여 커피를 권하니 심지어 마다하기까지 한다. 무슨 일인가 했더니 사순절 기간이란다. 크리스천인 모양이다. 절제를 위해 가장 좋아하는 커피를 선택했고, 부활절이 되면 그때부터 다시 마실 것이란다.

예수 그리스도의 고난과 죽음, 부활을 기리는 사순절과 부활절은 많은 예술 작품에서 소재나 배경으로 쓰이곤 한다. 그중 가장 드라마틱한 것이 이탈리아 작곡가 마스카니의 오페라 『카발레리아 루스티카나』가 아닐까. 이탈리아 베리스모(Verismo, 진실주의 또는 극사실주의) 오페라의 전형인 『카발레리아 루스티카나』는 부활절에 일어나는 사랑과 질투로 엇갈린 복수의 비극이다.

'시골의 기사도'라는 뜻의 '카발레리아 루스티카나'는 19세기 시칠리아 섬의 어느 촌락에서 얼마 전 제대하고 고향으로 돌아온 투리두로부터 이야기가 시작된다. 연인이던 롤라가 입대 후 돌아와 보니 마부 알피오의 아내가 되어 있었다. 배신감에 괴로워하는 투리두, 하지만 그에게는 결혼을 약속한 산투차가 있다. 하지만 롤라를 잊지 못하고, 알피오의 눈을 피해 밀회를 즐기기에 이른다. 그런 투리두를 바라보아야 하는 산투차는 괴로운 마음을 투리두의 어머니에게 하소연하며 고통스러워한다. 결국 질투에 사로잡힌 산투차의 귀띔을 통해 투리두와 롤라의 밀회를 알게 된 알피오는 '복수'를 외치며 투리두에게 결투를 신청하고, 죽음을 예감한 투리두는 뒤늦게 산투차의 사랑을 이해하고, 어머니에게 작별 인사를 나눈 후 알피오의 칼에 죽음을 맞는다. 산투차와 투리두의 어머니 루치아는 그 자리에서 기절하고 만다.

이 숨 막히는 비극이 부활절 미사 전후로 일어난다. 부활절 아침, 마을 교회 앞 광장에선 교회의 종소리가 울려 퍼지고 삼삼오오 몰려든 사람들은 '오렌지 꽃향기는 대기에 가득하고 새들은 꽃들 사이에서 노래하네. 지금은 모두가 부드러운 노래를 부를 계절'이라며 유명한 합창 「오렌지 꽃향기가 바람에 날리고」를 부른다.

이어 하프의 선율에 맞춘 투리두의 세레나데 「오, 롤라, 봄에 피는 꽃처럼 사랑스러워라」와 마부 알피오의 씩씩한 아리아 「말발굽은 힘 있게 땅을 차고」, 부활절 미사 후 투리두가 롤라와 팔짱을 끼고 부르는 축배의 노래 「붉은 포도주 만세!」, 상심한 산투차가 루치아에게 자신의 처지를 하소연하는 유명한 아리아 「어머니도 아시다시피」,

결투를 앞둔 투리두의 유명한 아리아「어머니, 그 와인은 매우 독하군요」등은 이 무거운 비극을 잠시 잊게 하는 아름다움이다.

마스카니가 27세이던 1890년 작곡한 단막 오페라인 이 작품은 G.베르가의 소설을 제재로 T.토제티와 G.메나시가 합작한 대본을 바탕으로 하고 있다. 당시 가난한 피아노 교사였던 마스카니는 손초뇨 Sonzogno 출판사가 주최한 단막 오페라 공모에 이 오페라를 출품할 생각이었지만, 작품을 완성해 놓고 보니 마음에 들지 않아 출품하지 않았다. 그런데, 현명한 그의 아내가 남편 몰래 출품한 이 작품이 당선되면서, 마스카니는 오페라 작곡가로서의 명성과 행운을 거머쥐게 되었고, 베리스모 오페라의 대표작으로 꼽히게 되었다.

1890년 5월 17일 로마의 콘스타치 극장에서 초연된 이 작품이 '시골의 기사도'라는 뜻의 다소 의아한 제목을 붙인 것은 시칠리아라는 배경을 생각하면 이해가 갈 대목이다. 시칠리아 섬은 유난히 고난이 많아서 그 어떤 지역보다도 지배 계급에게 심하게 수탈 당하고 전쟁에 시달린 지역이다. 그러다 보니 가난하고 거친 삶 속에서 가족주의가 강해져, 가족의 불명예를 반드시 피로 갚는 '피의 복수'가 전통적으로 일반화된 고장이다. 또 가톨릭 신앙이 어느 지역보다도 보수적이고 완고하게 뿌리박은 지역이기도 하다. 따라서, 귀족도 아닌 시골 남자들이 귀족 같은 기사도를 앞세워 어이없게 죽음을 맞는 아이러니한 상황을 풍자하듯 표현한 것이 『카발레리아 루스티카나』라는 제목을 붙인 이유인 듯하다. 코폴라 감독의 대작 〈대부〉 시리즈가 시칠리아를 배경으로 탄생하게 된 것을 짐작하게 하는 부분이기도 하다.

부활절의 비극, 사랑과 질투, 욕망의 허망함, 그리고 부활절을 기다리며 커피를 참는 음악가. 부활절의 아름다운 음악『카발레리아 루스티카나』는 그래서 부활절의 계절에 특별하게 다가온다. 아마도 이번 부활절에 마시게 될 음악가의 커피는 특별히 향기로울 것 같다.

p.s. 감상을 원한다면

CD
- 칼라스, 스테파노, 세라핀 지휘, 라 스칼라 극장 오케스트라와 합 / *EMI*
- 모나코, 시미오나토, 모렐리 지휘, 도쿄 라디오 교향악단 & 합창단 / *Gala*
- 베르곤치, 코소토, 카라얀 지휘, 라 스칼라 극장 오케스트라와 합창단 / *DG*
- 쿠라, 프리톨리, 샤이 지휘, 로열 콘세르헤보 오케스트라 / *Decca*
- 도밍고, 오브라초바, 조르주 프레트르 지휘, 라 스칼라 극장 오케스트라와 합창단 / *DG*
- 카바예, 스코토, 바르나이, 무티 지휘, 필하모니아 오케스트라 / *EMI*

DVD
- 우르마나, 스콜라, 코보스 지휘, 마드리드 왕립극장 오케스트라와 합창단
- 코소토, 스타시오, 카라얀 지휘, 라 스칼라 극장 오케스트라 / *DG*
- 도밍고, 밀른즈, 스트라타스, 레바인 지휘, 메트로폴리탄 오페라 오케스트라 / *SONYBMG*
- 쿠라, 구엘피, 란차니 지휘, 취리히 오페라극장 관현악단 / *Arthaus Musik*

카치니냐, 바빌로프냐, 원곡자의 희생으로 빛을 본

바빌로프(카치니)
아베 마리아

독일 작곡가 멘델스존은 위대한 음악가이다. 그가 위대하다고 확언할 수 있는 것은 그의 『한여름 밤의 꿈 op.21』, 『바이올린 협주곡 e단조』, 『이탈리아 교향곡』 등을 남긴 음악적 완성도도 있지만, 오늘날 '음악의 아버지'로 추앙받는 바흐를 세상에 소개한 인물이라는 점 때문일 것이다. 멘델스존 덕분에 우리는 '세상의 음악이 한순간에 사라져도 그의 선율 한 가닥만 있으면 다 복구할 수 있다.'고 정리되는 바흐를 우리 곁에 둘 수 있게 된 것이다.

위대한 작곡가 바흐를 알아본 멘델스존이 있기에 바흐의 가치가 세상에 알려질 수 있었고, 그로 인해 멘델스존의 가치 또한 동반 상승할 수 있었던 것은 음악사적으로도 대단히 가치 있는 일이다. 또 그런 만큼 무명의 작곡가가 세상에 그 능력을 인정받기는 쉽지 않다는 것을 의미하는 일이기도 하다.

러시아의 류트 연주자이자 기타 연주자, 바로크 음악 연구가였던 블라디미르 바빌로프는 그 점을 심각하게 생각했던 작곡가이다. 소련의 고음악 연구를 주도한 주인공이면서 1960년대부터 70년대까지 국영 악보 출판사의 편집자로 활동했던 바빌로프는 1970년 국영 멜로디야 레이블로 '16~17세기 류트 음악'이라는 음반을 내놓았다. 고음악의 특성상 '작곡가 불명'으로 표기된 연주곡과 노래들이 대부분이었는데 이 중 한 곡이 『아베 마리아』라는 제목을 달고 있었다. 물론 작곡가는 따로 없었다.

흥미로운 일은 바빌로프가 세상을 떠난 뒤 일어난다. 그의 사후 2년 뒤인 1975년 소프라노 이리나 보가체바가 이 『아베 마리아』를 멜로디야 레이블로 내놓았다. 그런데 이 음반에서 『아베 마리아』는 바로크 시대의 작곡가 카치니가 작곡가로 표시되어 있었다. 바빌로프가 무명의 작품으로 발표했던 곡이 카치니의 것으로 정리되는 순간이었다. 그렇다면 바빌로프는 이러한 사실을 몰랐던 것일까?

이탈리아 작곡가 줄리오 카치니는 바로크 시대를 대표하는 작곡가이며 류트 연주자였다. 특히 그가 1600년 작곡해 1602년 피렌체에서 초연한 오페라 『에우리디케』는 현존하는 가장 오래된 오페라로 꼽혀 '오페라의 발명자'로 부르기도 한다. 특히 야코포 페리 등과 함께 16세기 말 피렌체 바르디 백작의 집에서 만든 '카메라타'란 모임은 오페라라는 장르가 새롭게 탄생하는 데 결정적인 역할을 했다.

문제는 카치니가 바로크 시대의 작곡가였고, 덕분에 그의 성악 스타일은 기교를 한껏 부리는 높은 성부와 화려한 꾸밈음이 강조된 스타일이었다는 점이다. 300여 년도 더 지난 시점에 바빌로프가 발표한 『아베 마리아』와는 전혀 성격이 다르다. 마치 라흐마니노프의 모음으로만 진행되는 『보칼리제』를 연상케 할 정도로 바빌로프의 『아베 마리아』는 오로지 '아베'와 '마리아'만으로 가사가 진행되며 대단히 서정적이면서 가수의 섬세한 표현이 극대화되는 아름다운 울림이 특징이다. 과연 카치니의 것이 맞는가 하는 의문이 들게 하는 부분이다.

이러한 의문들이 있는 가운데 1987년 메조소프라노 이리나 아르히포바가 다시 음반으로 내놓았고, 1995년 발매된 소프라노 이네사 갈란테의 음반을 통해 큰 주목을 받으며 세계적인 사랑을 받기 시작했다. 라트비아 출신의 무명 가수였던 갈란테는 이 『아베 마리아』 한 곡을 통해 '라트비아의 숨겨진 보석'이라는 칭송을 받으며 일약 월드스타로 떠올랐다. 그리고 갈란테의 노래를 통해 이 곡은 자연스럽게 카치니의 『아베 마리아』로 자리 잡았다.

그런데 이 곡은 앞서의 의문처럼 카치니의 것이 아니다. 바빌로프의 음반에 참여했던 오르가니스트 마크 샤킨이 이 곡을 '카치니의 것'이라고 설명하면서 오해가 생긴 것이다. 바빌로프 자신의 것인데도 말이다. 그렇다면 왜 바빌로프는 자신의 곡을 무명이라고 했을까? 이에 대해 바빌로프의 딸 타마라 바빌로프는 '자신이 쓴 곡에 대한 부친의 지극한 애정 때문'으로 설명하고 있다. 당시 음반을 내놓으려면 국영 레이블인 멜로디야를 이용해야 하는데, '바빌로프' 같은 무명인의 음반을 멜로디야에서 내놓을 이유가 없다고 바빌로프가 생각했다는 것이다. 결국 자신의 곡들이 세상에 알려지고 사람들에게 사랑받게 하고자 중세나 르네상스 시대 무명 작곡가들의 곡이라는 제법

'드라마틱한' 아이디어를 낸 것이라는 얘기다. 이를 그의 동료였던 오르가니스트 샤킨이 보가체프의 음반 작업 과정에서 그 시대의 대표적 작곡가였던 '카치니'라고 써넣은 바람에 바빌로프의 『아베 마리아』가 카치니의 것으로 명명命名되게 된 것이다.

자신의 음악이 세상에서 빛을 보게 하기 위해 스스로의 이름을 버린 바빌로프의 희생 덕분에 그의 『아베 마리아』는 이제 슈베르트, 구노의 『아베 마리아』와 어깨를 나란히 하고 사랑을 받고 있다. 우리나라에서도 이 열풍은 대단해 한 TV 드라마에서 주요 삽입곡으로 등장해 큰 화제가 되었을 정도이다. 기도와 위안의 음악으로 많은 이들에게 감동을 주면서 말이다. 그러니 이제는 본 주인에게 돌아갈 때가 되지 않았을까? 카치니의 것을 바빌로프에게로! 마침내 그도 더는 무명의 작곡가가 아닌 것이다. 바빌로프의 『아베 마리아』가 있기 때문이다.

p.s. 감상을 원한다면

CD
- 이네사 갈란테 / *미디어 신나라*
- 조수미 / *워너뮤직(WEA)*
- 엘리나 가랑차 / *DG*
- 비토리오 그리골로 / *SONY CLASSICAL*
- 게리 카 / *King Records*

3장

클래식을 사랑하는 당신에게

청춘에 대하여

엘가 - 위풍당당 행진곡 / 엘가 - 사랑의 인사 /
멘델스존 - 한여름 밤의 꿈 / 무소륵스키 - 전람회의 그림

이 땅의 아픈 청춘들에게 바치는 희망가

엘가
위풍당당 행진곡

볼 때마다 마음이 아파지는 CF가 있다. 이 땅의 청춘들에게 쏟아지는 어른들의 말. 말. 말. '아프니까', '아파야', '아픈 만큼'이라고 이야기하는 어른들에게 한껏 쪼그라든 청춘이 울먹이며 항변한다. '대체 언제까지 아파야 하는…!' 또래 청춘들의 고뇌를 보아 온 이들이라면 크게 공감할 대목일 것이다.

디즈니사에서 제작된 〈환타지아 2000〉 중에 특히 흥미로운 대목이 있다. 성경에 나오는 노아의 방주에서 모티브를 따온 도널드덕 연인의 이야기이다. 홍수를 앞두고 모든 동물을 한 쌍씩 방주에 태우는데 성공한 도널드덕은 정작 자신의 연인이 방주 안에 없음을 알고 상심한다. 하지만, 방주가 넓은 탓에 서로 만나지 못했을 뿐 도널드덕과 그의 연인은 마침내 상봉하여 비 그친 세상으로 나아간다. 찬란한 무지개가 이들을 맞이하는 해피 엔딩으로. 이 유쾌한 이야기의 맥을 짚어가는 음악이 바로 엘가의 『위풍당당 행진곡 op.39』이다.

1901년 엘가가 작곡해 알프레드 로드월드와 리버풀 관현악 협회 회원들에게 헌정했던 엘가의 『위풍당당 행진곡』은 오늘날 전 세계인들이 즐기며 힘을 얻는 작품이다. ‘위풍당당’이라고 번역된 ‘Pomp and Circumstance’는 셰익스피어의 희곡 《오셀로》 중 3막 3장의 대사 ‘저 장엄한 군기여, 명예로운 전쟁의 자랑도, 찬란함도, 장관도(Pride, Pomp, and Circumstance of Glorious War!)’에서 따온 것으로 전해지는데, 대사대로 한다면 ‘장엄한 의식’ 정도가 오히려 더 정확하다 하겠다.

1901년부터 시작해 1930년에 걸쳐 작곡된 『위풍당당 행진곡』은 관현악을 위한 행진곡집이고 모두 5곡으로 이루어져 있지만, 연주 시간이 총 28여 분에 불과해 흔히 한 곡으로 여겨지기도 한다. 특히, 가장 널리 알려진 1번을 『위풍당당 행진곡』으로 알고 있는 경우가 많은데, 작곡가의 고국인 영국에서도 이 부분의 선율을 ‘희망과 영광의 나라(Land of Hope and Glory)’라고 부르며 에드워드 7세 대관식 송가로 썼는가 하면, 더 나아가 제2의 국가로 여길 정도이기 때문이다.

엘가는 제1번에서 4번을 1901년에서 1907년에 걸쳐, 제5번을 1930년에 작곡했다. 후에 제6번이 엘가의 사후 미완성인 채로 발견되어 안토니 페인이 보필, 완성한 것이 오늘날의 『위풍당당 행진곡』이다. 2번과 더불어 알프레드 로드월드가 지휘하는 리버풀 관현악 협회의 연주로 1901년 10월 19일 초연된 1번은 이틀 뒤 런던 퀸즈홀에서 열린 프롬스에서 헨리 우드 경의 지휘로 연주되면서 두 차례나 앙코르로 연주되며 프롬스 역사상 유일무이한 사건으로 기록될 정도이다.

'희망과 영광의 나라'라는 가사는 곡을 초연한 지 몇 달 뒤에 국왕 에드워드 7세가 제안해서 붙인 것인데, 그 장엄한 느낌과 제목 덕분에 영국인들에게 국가처럼 다가왔고, 제1차 세계 대전 중에는 그 인기가 절정에 달했다고 한다. 영국인들이 이 곡을 들으며 애국심을 느꼈던 것처럼, 엘가 자신도 자신의 음악이 애국적 감정을 표현했다는 사실에 큰 자부심을 가졌던 것으로 전해진다. 〈환타지아〉가 나왔던 미국의 경우에도 『위풍당당 행진곡』의 인기는 적지 않아서 특히 '졸업식 행진곡'으로 많이 꼽힌다. 거의 모든 고등학교와 대학교의 졸업식에서 연주될 정도인데, 1905년 6월 28일 예일대학교 학위 수여식 날 음대 교수였던 사무엘 샌포드가 친구 엘가를 학교로 초청해 명예 음악 박사 학위를 수여하면서부터 시작되었다. 당시 샌포드는 뉴욕의 음악가들을 불러 모아 엘가의 오라토리오 『생명의 빛』과 『위풍당당 행진곡』을 연주했는데, 이때 크게 감동받은 미국인들이 『위풍당당 행진곡』을 각 학교의 졸업식 개회식과 퇴장 음악으로 사용하기 시작했다. 또 이탈리아의 경우, '신의 신성한 교회'라는 제목의 전례 음악으로 쓰고 있기도 하다. 1번의 큰 인기 외에도 2번과 4번 또한 적지 않은 사랑을 받고 있다.

특히 4번의 경우, 작가 A. P. 허버트가 트리오 부분에 '모든 사람은 자유로워야 하며…'로 시작하는 시를 붙여 '희망과 영광의 나라'에 이은 '자유에의 강한 의지'를 표방하는 힘으로 연결된다. 때때로 이 음악이 이러한 경우의 사람들에게 위안이 되었으면 하는 생각을 한다. 길은 보이지 않고 '아프기만 한', 또는 '아플 것'을 종용 당하는 이 땅의 청춘들에게 전하고 싶은 음악으로 『위풍당당 행진곡』이 떠오른 이유이다. 젊은 날 이럭저럭 살아냈으나, 준비 없이 늘어난 노년의 삶 때문에 역시 황망하기만 한 기성세대들도 마찬가지다. 제 코가 석 자인지라 딱히 그런 젊은 세대들에게 힘줄 만한 것이 별반 없는 상황에서 마음만이라도 전해진다면 한다.

그래도 잃어버린 줄 알았던 연인을 도널드덕은 찾았다. 방주가 넓어서 겪는 고난이었을 뿐이다. 그러므로 힘을 잃지 않고, 위풍당당하게 자신의 길을 걸어간다면 멀지 않은 시기에 찬란한 무지개 같은 해피 엔딩을 맞게 되지 않겠는가! 부디 힘을 내라 청춘들이여. 그리고, 미안하다.

CD
- 게오르그 솔티 지휘, 런던 필하모닉 오케스트라 / *Decca*
- 콜린 데이비스 지휘, 필하모니아 오케스트라 / *SONY CLASSICAL*
- 네빌 마리너 지휘, 로열 콘세르헤보 오케스트라 / *PHILIPS*
- 존 바비롤리 지휘, 필하모니아 오케스트라 / *EMI*
- 앙드레 프레빈 지휘, 로열 필하모닉 오케스트라 / *PHILIPS*

'내 옆의 그, 그녀'를 더 사랑하기 위한

엘가
사랑의 인사

아는 분이 소식이 뜸해 연락을 해 보니 뜻밖에도 병원에 입원해 있는 중이란다. 워낙 하는 일이 많은 분이었던지라 그 스트레스가 결국 앓아눕게 했구나 싶었다. 찾아가 보니 오히려 환자가 내 손을 붙들고 간곡히 충고했다. '무엇보다 마음 편하게 살라. 너무 많은 걸 다 하려 하지 말고. 스트레스 받지 않도록!'. 그러면서도 한편으론 늘 좋은 음악을 듣고 사니 스트레스는 없겠다고도 덧붙였다. '그럴 리가요!'라고 반박하려다 아픈 분의 스트레스 지수를 높이게 될까 봐 튀어나오려던 말을 입안에 삼키고 돌아 나왔다.

그런 스트레스 하나가 무대 위에서 만나는 휴대폰 벨 소리다. 공연 중에 휴대폰이 울리면 모두가 당혹스럽다. 특히 한창 집중하며 연주에 몰입해 있는 연주자들에겐 호흡을 흐트러트리는 치명타가 될 수 있다. 필자의 경우는 한창 곡 해설을 하고 있는데 휴대폰이 울리면 그 순간 머릿속이 엉키게 된다. 머릿속이 엉키니 당연히 입도 엉키고. 그래서 관객들의 도움을 받을 때도 있다. "제가 어디까지 얘기했지요?" 하고 말한다. 다행히도 대개의 관객들은 웃으면서 친절하게 길 잃은 진행자를 기꺼이 제자리로 인도해 주지만 식은땀이 나는 순간이다.

지난 공연에서도 그런 일이 일어났다. 다음 연주될 곡목을 소개하고 있는데 객석 한편에서 울리는 휴대폰 벨 소리. '따라라 라라라라라~'. 이런 경우는 더 최악이다. 순간 그 선율을 따라가는 내 귀 때문이다. 왜냐고? 『사랑의 인사』, 엘가의 음악이기 때문이다. 이 따뜻한 선율에 어떻게 마음이 안 따라갈 수 있겠는가?

영국 작곡가 에드워드 엘가의 대표작인 『사랑의 인사』는 제목 그대로 사랑이란 감정의 아름다움을 마음 따뜻해지게 그려 낸 곡이다. 1888년 바이올린과 피아노를 위해 만든 것으로, 후에 자신의 아내가 된 약혼녀 캐롤라인 앨리스에게 바친 곡이다. 그런데 '영국 작곡가의 곡에 왜 프랑스어 제목이 붙었을까?' 라는 의문이 들텐데 여기에는 두 가지 설이 있다. 우선 앨리스 때문이라는 설이 있다. 엘가가 선사한 선율에 감동한 앨리스는 그 보답으로 시를 지어 선물했다. 독일어가 유창했던 앨리스는 독일어로 시를 지었고, 이것을 가사로 붙인 엘가 덕분에 독일어 《Liebesgruss》로 출판되었다. 하지만 잘 나가지 않자 출판업자가 프랑스 제목 《Salut d'amour》으로 바꾸었다는 것이다. 당시 유럽은 프랑스 작곡가의 작품들이 인기를 얻는 추세였고, 그 유행을 좀 타 보려던 생각이었던 것이다. 또 하나는, 당시 영국 음악계에서의 위상 때문으로 꼽힌다. 독일이나 프랑스, 이탈리아 등 타 유럽 국가들에 비해 음악적 수준이 다소 떨어지는 것으로 인식되고 있던 것이 영국이었기 때문이다. 실제로, 독일에서 귀화한 헨델이 그 체면을 살려주는 것 외엔 이후 100여 년간 이렇다 할 스타급 작곡가, 연주자가 나오지 않고 있던 곳이 영국이었다. 그래서 《사랑의 인사》를 출판할 때 출판사 측에서 마치 프랑스 작곡가의 작품인 것처럼 보이게 하려고 《Salut d'amour》라는 프랑스어로 제목을 정할 것을 권했다는 설이다.

어찌 되었든 출판사의 전략은 성공해서 영국 작곡가 엘가의 프랑스 제목 『사랑의 인사』는 유럽 전역에서 큰 사랑을 받게 된다. 그리고, 이 사랑받는 곡이 탄생하는 데에는 아내 앨리스의 공이 지대했다. 악기 상점을 하면서 오르간 연주를 하던 아버지에게 오르간을 배운 엘가는 교회 오르간 연주자가 되었고, 그렇게 일생을 마칠 뻔했다. 그런 그의 인생을 바꿔 준 이가 바로 앨리스이다. 그녀는 엘가의 음악 재능을 알아보았고, 작곡을 하도록 적극 권유했다. 덕분에 그는 영국 낭만주의를 대표하는 작곡가로 새롭게 태어날 수 있었다.

엘가는 사실 대단히 소심하고 수줍음이 많은 성격이었던 것으로 전해진다. 그런 그를 끊임없이 격려하고 위로를 아끼지 않았던 이가 앨리스이다. 덕분에 엘가는 『사랑의 인사』를 비롯해 2개의 교향곡과 『위풍당당 행진곡』, 『수수께끼 변주곡』 등을 발표하며 영국을 대표하는 작곡가로 자리매김했고, 1900년에는 케임브리지 대학에서, 1905년에는 옥스퍼드와 예일 대학 등에서 명예박사 학위를 받기에 이른다. 이러한 그의 공적을 영국 왕실에서 인정해 1904년 경[Sir]의 직위를 받기도 했다.

『사랑의 인사』는 그러한 아내 앨리스에 대한 사랑과 고마움이 듬뿍 담겨 있는 곡이다. 소심하고 수줍음 많은 남성이 용감하게 자신의 마음을 표현한 특별한 곡이기도 하다. 오늘날 사랑을 시작하는 연인들에게 일종의 '축복 송'으로 여겨지는 이유이다. 앨리스가 아니었다면 영국 음악을 다시 일으켜 세운 엘가가 존재했을까? 아마 어려웠을 것이다. 1920년 앨리스가 세상을 떠났다. 엘가의 나이 43세 때의 일이다. 이후 엘가는 14년을 더 살았지만 다시는 음악을 작곡하지 않았다. 그의 음악적 영감이자, 힘인 존재가 사라진 탓이었을 것이다. 음악으로 이어진 두 사람의 깊은 사랑 앞에서 큰 감동을 하게 되는 부분이다.

인간이 살아가면서 겪게 되는 스트레스 중 가장 큰 것이 배우자의 죽음이라고 하는 통계가 있다. 지금 내 옆에 있는 배우자에게, 연인에게 잘해야 하는 이유이다. 엘가의 말년이 그것을 잘 말해준다. 지금이라도 내 옆에 있는 상대에게 소홀하지 않는가를 돌아보자. 그리고 명심하자. 그가 행복하고 평안해야 나의 온유한 안위도 주어진다는 것을!

p.s. 감상을 원한다면

CD

- 파블로 카잘스 – Encores And Transcriptions 3 / *NAXOS*
- 토마스 미푸네, 피아찌니 / *Orfeo*
- 정경화: 콘 아모레 / *Decca*
- 데이비드 짐머만 / *Telarc*
- 사라 장: 데뷔 리사이틀 / *EMI*
- Midori – Encore! / *SonyMusic*

사춘기의 작곡가가 펼치는 꿈결 같은 사랑과 환상

멘델스존
한여름 밤의 꿈

엘리자베스 1세가 통치하던 1590년대는 영국의 문예 부흥이 절정기에 달했던 시절이다. 일명 '영국 르네상스'라고 불리는 국민 문학의 황금시대가 도래하면서 이때 등장한 인물이 셰익스피어이다. 그의 4대 비극을 비롯한 많은 작품들은 가장 뛰어난 고전 중의 한 산맥으로 꼽히며, 훗날 많은 음악가들에게 깊은 영감을 주는 존재가 되었다. 이탈리아의 베르디가 『오텔로』, 『맥베스』를 오페라화했고, 그의 대표적인 비극인 『로미오와 줄리엣』은 벨리니와 구노가 오페라로, 차이콥스키와 베를리오즈는 오케스트라 작품으로, 프로코피예프는 발레 음악으로 재탄생 시킬 정도였다. 이들이 대개 비극이었다면 아름다운 희극에 마음을 빼앗긴 작곡가가 있었다. 그가 독일의 멘델스존이다.

멘델스존이 영감을 받은 작품은 셰익스피어의 《한여름 밤의 꿈》

이었다. 당시 나이 17세로, 아직 사춘기라고도 할 수 있는 소년이던 그가 누나 파니와 함께 독일에서 큰 사랑을 받으며 소개되고 있던 이 작품을 보고 그야말로 '환상의 꿈'을 꾸기 시작한 것이다. '내일부터 나는 한여름 밤의 꿈을 꾸기 시작할 것이다.'라고 선언한 그는 단숨에 「서곡」을 먼저 작곡했고, 누나 파니와 함께 네 손을 위한 피아노 연탄곡으로도 연주했으며, 이후 극음악인 관현악곡으로 재탄생시켰다.

《한여름 밤의 꿈》은 일 년 중 가장 낮이 긴 하지의 전날 밤, 가톨릭 절기로 치면 성 요한 제의 전날 밤을 배경으로 하고 있다. 서양에서는 예로부터 이날 밤에 기이하고 신비로운 일이 벌어진다는 이야기가 전해 내려오고 있는데, 이 점에 착안하여 셰익스피어가 신비롭고 환상적인 세계를 펼친다. 인간처럼 부부 싸움을 하는 요정의 왕 오베론과 왕비 티타니아(그리스 신화의 아르테미스)가 등장하고, 결혼식 준비에 한창인 테세우스와 히폴리타, 결혼을 반대하는 아버지를 피해 숲으로 도망가는 허미아와 라이샌더, 여기에 허미아를 짝사랑하는 드미트리어스가 그녀를 쫓아가고, 드미트리어스를 사모하는 헬레나가 그를 따라 숲으로 들어가면서 벌어지는 이야기다. 이 와중에 요정 왕 오베론은 아내를 골탕 먹이기 위해 사랑의 묘약을 구해올 것을 명하고, 시종 퍼크가 실수로 묘약인 꽃의 즙을 엉뚱한 이들에게 사용하면서 연인들의 관계를 엉망진창으로 얽히게 하지만, 결국 해피 엔딩으로 끝나는 그야말로 아름다운 한여름 밤의 꿈이다. 물론 묘약을 눈에 바른 요정 여왕 티타니아가 당나귀 인간인 바텀을 사모하게 되는 우스꽝스러운 해프닝도 양념처럼 포함된다. 오베론과 테세우스의 배려로 사랑하는 사람들끼리 맺어져 두 쌍의 결혼식이 성립되는 피날레는 언제 봐도 흐뭇한 장면이다.

이 아름다운 이야기를 17세의 소년이 작곡했다고 믿지 않을 만큼 멘델스존은 아름답고 몽환적으로 풀어놓았다. 플루트와 바이올린을 중심으로 하는 선율은 그때까지 만나보지 못한 신비와 경이의 마법 같은 선율로 가득한데, 특히 목관 악기가 연주하는 네 번의 코드가 긴 여운을 남긴 후 들려오는 부드러운 현악의 선율들은 듣는 이의 마음을 바로 환상의 세계로 인도한다. 이에 더해 요정의 날갯짓처럼 가볍게 바스락대는 바이올린의 터치, 당나귀의 울음소리를 흉내 낸 금관 악기 소리는 굳이 무대 위에 실물들을 펼쳐 놓지 않아도 음악만으로도 상상의 나래를 펼칠 수 있음을 증명하고 있다. '마치 요정들이 직접 연주를 하는 듯하다.'며 후에 슈만이 극찬했던 이유이다. 이후 17년 뒤인 1843년, 프러시아 왕 프리드리히 빌헬름 4세가 자신의 생일 축하 공연을 위해 〈한여름 밤의 꿈〉을 상연하기로 했고, 극음악을 멘델스존에게 부탁하면서 먼저 작곡한 서곡을 포함한 13곡으로 완성된 극음악이 탄생한다.

마법의 숲속에서 바로 요정들이 튀어나올 것 같은, 마치 발레리나의 가벼운 발놀림 같은 목관 악기의 리듬으로 「스케르초」가 시작된다. 이후, 요정의 숲에서 벌어지는 연인들의 사랑 이야기 「요정들의 행진곡」으로, 아리아 「얼룩무늬 뱀, 두 대의 혀로」, 「멜로 드라마」, 「간주곡」, 「녹턴」, 「결혼 행진곡」, 「팡파르와 장송 행진곡」, 「베르가마스크」로 이어지며 꿈결같이 연결되며, 마지막 「피날레」에서 서곡을 열었던 바로 그 신비로운 목관의 화음이 재현되며 이 극음악은 아름답게 마무리된다.

　이 중 두 쌍의 연인들이 사랑의 결실을 맺는 장면에서 연주되는 음악이 유명한 「결혼 행진곡」이다. 사랑을 확인하고 하나가 될 것을 맹세하며 세상을 향해 행진하는 신랑, 신부를 위한 축복의 음악이다. 아마 결혼 축하 음악으로 이를 능가할 음악이 또 있을까? 함께 거론되는 바그너의 『로엔그린』 속 「결혼 행진곡」이 안타깝게도 비극을 배경으로 하고 있다는 점을 감안하면, 이 곡은 더할 나위 없는 최고의 결혼식 음악인 것이다. 하지만 이 「결혼 행진곡」은 조부 시절 독일인으로 귀화했지만 혈통이 유대인이라는 이유로 바그너의 공격을 받고, 나치의 핍박을 받으면서 연주 금지를 당하는 수모를 겪기도 했던 사연 많은 음악이다.

　음악 역사상 가장 저평가되고 있는 인물이 멘델스존이다. 한때 유복한 가정 환경에서 자라나 배고플 일 없던 예술가라는 점에서 그의 예술성 역시 치열하지 않은 것으로 소개되곤 한다. 그 이면에 유대인 혈통이라는 점에 대한 은근한 무시도 깔려 있다. 하지만, 그가 얼마나 시대를 뛰어넘는 천재였던가 하는 시각이 점차 늘어나고 있다. 대체 그의 『한여름 밤의 꿈』을 들으면서 이전에 한 번도 듣지 못하던 선율과 음향에 어떻게 놀라지 않을 수 있단 말인가? 분명 이 세대가 가기 전 그의 위상은 달라져 있을 것이다. 무덤 속 바그너와 히틀러가 벌떡 일어날 일이긴 하지만 말이다.

CD

· 페터 마크 지휘, 런던 심포니 오케스트라 / *Decca*
· 클렘페러 지휘, 쾰른 방송 교향악단 / *ica classics*
· 토스카니니 지휘, BBC 심포니 오케스트라 / *Testament*
· 쿠르트 마주어 지휘, 라이프치히 게반트하우스 오케스트라 / *Berlin Classics*
· 아르농쿠르 지휘, 유럽 실내 관현악단 / *Apex*

DVD

· 한여름 밤의 꿈 서곡-솔티 지휘, 시카고 심포니 오케스트라 / *Ica Classics*
· 조지 발란신 안무, 스튜어트 커쇼 지휘, BBC 콘서트 오케스트라 / *BBC*

친구의 죽음에 바친 최고의 선물

무소륵스키
전람회의 그림

마음의 준비는 커녕, 전혀 예상도 못한 죽음을 대하는 건 언제나 충격적이다. 얼마 전까지도 생생한 얼굴로 내 곁에 존재하던 지인의 경우라면 더욱 그러할 것이다. 더구나 그가 죽음을 떠올리기엔 너무나 젊은 한창의 나이라면 더….

러시아의 작곡가 무소륵스키도 그러한 아픈 경험이 있다. 젊은 날의 그에게는 두 명의 특별한 친구가 있었다. 건축가이자 디자이너, 화가인 빅토르 하르트만과 하르트만을 소개한 평론가 블라디미르 스타소프(평론가로서 후에 무소륵스키의 주도하에 이루어진 러시아 5인 조의 활동을 이론적으로 강력하게 뒷받침했다.)가 그들이다. 꿈 많은 청년들이던 이들은 수시로 모여 예술과 삶에 대해 논의했고, 조국 러시아의 앞날에 대해 고민하고, 사랑하고자 하는 열의를 불태웠다.

특히 건축가였던 하르트만은 러시아의 찬란한 영광과 위상을 나타내는 최고의 탑을 언젠가는 꼭 세워보고 싶어했고, 무소륵스키와 스타소프도 함께 할 것을 다짐하던 사이였다.

그런데, 이들의 우정과 열정을 한번에 날려버리는 충격적인 일이 벌어졌다. 하르트만이 갑작스런 동맥류 파열로 1873년, 서른아홉이라는 젊은 나이에 세상을 떠난 것이다. 경악한 두 친구는 말을 잃었고, 무소륵스키는 두문불출하며 슬픔에 빠져 버렸다. 당시의 엄청난 슬픔을 무소륵스키는 스타소프에게 보낸 편지에서 《햄릿》의 대사를 인용해 '개나 말, 쥐 따위조차도 생명이 있는데 왜 하르트만 같은 인물이 죽어야 한단 말인가!'라고 격분할 정도였다. 그렇지 않아도 예민한 성격의 무소륵스키가 우울증에 이를 정도로 슬픔에 함몰되어 있는 동안 스타소프는 너무 이른 나이에 떠나간 친구를 위해 무엇인가를 해야 한다고 생각했다. 그 결과 열리게 된 것이 하르트만의 추모 전람회였다. 하르트만이 남긴 수채화나 데생, 유화 작품만이 아니라 건축 설계 스케치나 보석, 생활용품, 무대 배경, 의상 등의 디자인까지 포함된 모든 것을 모은 스타소프는 이들을 정리해 1874년 그의 전람회를 연다. 그리고, 이 자리에 무소륵스키를 초대한다.

먼저 떠난 친구의 추모 전시회에 갈 결심은 쉽지 않았던 것으로 전해진다. 그 자체가 아픔일 듯하여 주저하는 무소륵스키를 스타소프는 끈질기게 불러냈고, 마침내 전람회에 발을 내디딘 무소륵스키는 깊은 감동을 받았다. 꿈을 이루지 못한 친구 때문에 아팠지만, 친구의 꿈은 그렇게 또 다른 방식으로 펼쳐졌다는 것을 깨달았기 때문이었고, 〈키예프의 대문〉 앞에 이르렀을 때 지난날 그들이 꿈꾸던 러시아의 영광을 떠올렸다. 그 감동을 피아노 연작으로 담게 된다. 그의 걸작 『전람회의 그림』이 탄생하게 된 배경이다.

이 작품이 특별한 것은 무소륵스키 특유의 독창성 때문이다. 고집불통이라 할 만큼 음악적 발상이 독창적인 것으로 유명했던 그는 의식적으로 과거와 동시대 작곡가들의 영향을 거부하고 자신만의 음악 모델을 구축하려고 했다. 대지주의 아들로 태어나 비교적 좋은 환경에서 피아노를 배우고, 13세 때 자선 음악회 무대에 서는가 하면, 사관 학교를 나와 한동안 군인으로 살았고, 1865년 당시 러시아를 휩쓸던 농노 해방 운동의 여파로 가세가 기울면서 공무원으로 생계를 이어가기도 했다. 결국 신경 쇠약과 알코올 중독에 빠져 42세의 젊은 나이에 세상을 떠난 이가 무소륵스키이다.

음악가로서는 드물게 다채로운 삶을 살아서였을까? 그는 특히 아무도 생각하지 못한 창조성이 뛰어난 작품을 쓰는 것으로 유명했는데, 『전람회의 그림』에서도 그의 남다른 독창성이 드러난다. 무소륵스키는 이 음악을 단순히 그림들을 본 소감을 표현하는 것을 넘어 전람회의 문을 열고 들어가는 것에서부터 한 그림을 감상하고, 그다음 그림으로 걸음을 옮겨 또 한 그림을 감상하는 방식을 힘차고 개성적이며 특유의 색채로 그려내었다. 그 결과 곡의 시작과 사이사이에 「프롬나드(산책)」가 도입된 최초의 '관람 스타일' 음악이 탄생한 것이다. 즉, 작곡가가 하르트만의 작품 사이를 거니는 모습을 형상화한 것이다. 「프롬나드」를 시작으로 「난쟁이」, 「고성」, 「튈르리 궁전, 아이들이 놀이 뒤에 벌이는 싸움」, 「비들로」, 「껍질을 덜 벗은 햇병아리들의 발레」, 「폴란드의 어느 부유한 유대인과 가난한 유대인」, 「리모주의 시장」,

「카타콤」, 「닭발 위의 오두막」, 「키예프의 대문」의 10곡으로 이어진다. 모두 하르트만의 그림 10점을 그린 것이다.

작곡가 생전에 알려지지 않았다는 불운은 있지만, 무소륵스키는 이 곡을 만든 것으로도 행복하지 않았을까 하는 생각을 해본다. 하르트만 역시 충분히 행복했을 것이다. 친구 덕분에 그는 온 세상에 자신의 작품을 감상시켰고, 이는 그의 요절을 위로하는 최고의 선물이 되었을 테니 말이다. 특별한 재능이 있어 자신의 곁을 떠난 이에게 무엇인가를 해 줄 수 있는 존재라는 것이 부러워지는 순간이다. 좋은 친구가, 나를 그대로 이해하는 친구가 왜 세상을 살면서 꼭 필요한지를 새삼 되새기게 하는 대목이기도 하다. 물론 나부터 잘해야 하리라. 사랑과 신뢰는 상대적으로 오가는 것일 테니까….

p.s. 감상을 원한다면

CD
- 첼리비다케 지휘, 뮌헨 필하모닉 오케스트라 / *Altus*
- 카라얀 지휘, 베를린 필하모닉 오케스트라 / *DG*
- 아슈케나지 지휘, 필하모니아 오케스트라 / *Decca*
- 게르기예프 지휘, 빈 필하모닉 오케스트라 / *PHILIPS*
- 번스타인 지휘, 뉴욕 필하모닉 오케스트라 / *CBS*
- 아바도 지휘, 베를린 필하모닉 오케스트라 / *DG*

4장

클래식을 사랑하는 당신에게

시간과 계절의 갈피

리하르트 슈트라우스 - 자라투스트라는 이렇게 말했다 / 요한 슈트라우스 1세 - 라데츠키 행진곡 /
타레가 - 알함브라 궁전의 추억 / 하이든 - 사계 / 피아졸라 - 사계

2001년을 상상하던 감동, 21세기에는?

리하르트 슈트라우스
자라투스트라는 이렇게 말했다

스탠리 큐브릭 감독의 1968년작 〈2001: 스페이스 오디세이〉로 20세기의 한복판에서 21세기를 상상해 본 영화이다. SF 소설가 아서 클라크의 원작을 바탕으로 한 이 영화가 클래식 팬들에게도 인상 깊게 각인된 것은 영화 시작부터 장렬하게 터져 나오던 리하르트 슈트라우스의 교향시 『자라투스트라는 이렇게 말했다 op.30』 때문이다. 1896년 2월부터 8월에 걸쳐 완성되었으며, 그해 11월 27일 프랑크푸르트 박물관 협회 연주회에서 작곡자 자신의 지휘로 초연된 음악이다.

20세기에 만들어진 큐브릭의 〈2001: 스페이스 오디세이〉와 19세기에 만들어진 슈트라우스의 『자라투스트라는 이렇게 말했다』가 찰떡궁합이 된 것은 가장 많은 이들이 지적하는 장면 때문일 것이다. 유인원이 공중에 던진 뼈다귀가 우주선으로 교체되는 초반의 강렬한 부분이다. 유인원들이 처음 도구를 사용한 것이 폭력과 살인에 이용되었다는 충격적 메시지를 던지고 있는 이 부분은 '가장 현란하고 완벽한 오케스트라 사운드'로 꼽히는 슈트라우스의 찬란한 관현악 선율과 함께 시각적, 청각적 효과가 동시에 이루어진다. 아무런 대화도 설명도 없어 더욱 드라마틱한 현대 문명에 대한 비판의 메시지가 된 것이다.

놀라운 것은 이 영화에 등장하는 우주 정거장, 유인 우주선, 컴퓨터 HAL9000, 아이패드, 영상 통화들이다. 21세기인 지금의 시점으로서는 달리 놀라울 일이 없는 것들이지만, 1960년대 후반에 이러한 장치를 생각해 낸 사람들의 상상력이다. 이를 음악으로 뒷받침하는 슈트라우스는 또 어떤가? 19세기 인물이던 그는 역시 동시대의 철학자 니체의 장대한 철학서 《자라투스트라는 이렇게 말했다》를 읽고 큰 감명을 받는다. 이 작품에 기초한 교향시를 쓰기로 마음먹은 슈트라우스는 결국 서른두 살의 나이에 그의 최대 걸작으로 꼽히는 『자라투스트라는 이렇게 말했다』를 창조해 냈다. 어둠을 상징하는 오르간의 저음과 더블베이스의 트레몰로로 시작해 태양의 떠오름을 예시하는 듯한 트럼펫 연주, 팀파니의 난타, 그리고 이어지면서 절정으로 뻗어 나가는 찬란한 현과 관의 포효는 그대로가 모든 굴레를 벗어던지고 거듭나는 진정한 초인의 탄생이다. 새로운 미래를 예고하는 영화의 가장 적절한 포문이기도 하다.

대개의 걸작이 그렇듯 이 음악도 처음부터 환영 받은 것은 아니다. 찬사도 있었지만 비판도 만만치 않았는데 당시까지는 누구도 상상조차 하지 못했던 '철학의 음악화'를 시도했다는 게 주된 이유이다.

슈트라우스는 이 상황을 예견했는지 스코어 제목 아래에 '프리드리히 니체에게 자유로이 따른'이라고 써넣으면서 '나는 결코 위대한 철학자 니체의 작품을 음악으로 나타내려 한 것이 아니라 인간 발전의 관념을, 갖가지 단계를 거쳐 초인에 이르는 과정을, 니체의 초인 사상을 음악으로 표현하려 했다.'고 설명을 붙인 바 있다. 인류와 우주에 대한 철학적 관념을 음악으로 표현함으로써 '철학의 음악화'를 시도하는 것으로 클래식 음악의 레퍼토리를 확장해 보려는 노력이었던 것이다.

『자라투스트라는 이렇게 말했다』 외에도 슈트라우스의 음악은 상당히 문학적이다. 니콜라우스 레나우의 시를 읽고 『돈 후안』을 작곡했고, 셰익스피어의 《맥베스》, 세르반테스의 《돈키호테》도 그가 문학을 음악화한 작업들이다. 문학의 음악화로도 모자라 철학을 교향시로 표현해 낸 것이 바로 『자라투스트라는 이렇게 말했다』인 것이다. 니체의 대서사시 《자라투스트라는 이렇게 말했다》는 조로아스터교(배화교(拜火敎)로도 불리는 이란의 민족 종교로, 선악 이원론을 특징으로 하는 이란계 유일신교이다.)의 창시자 자라투스트라의 이야기로, 깨달음을 얻은 은둔자 자라투스트라가 다시 인간 세상으로 내려가 자신이 깨달은 지혜를 나눠주고자 했지만 온갖 시련과 고난을 겪으면서 인간 내면의 모든 사막을 목격하고 다시 산으로 올라간다는 내용이다. 이 중 자라투스트라가 떠오르는 태양을 바라보며 하는 말을 온갖 장대한 음향으로 슈트라우스가 표현해 낸 것이 그의 교향시 『자라투스트라는 이렇게 말했다』이다.

교향시란 19세기 독일에서 성행했던 표제 음악의 대표적인 장르로, '교향곡'과 '시'의 합성어이다. 말 그대로 일종의 '시적인 교향곡'인 셈이다. 여러 악장으로 구성되어 있지 않고 단악장이라는 것도 교향 곡과 다르다. 시뿐만 아니라 철학이나 사상, 전설 등 다양한 소재가 관련되어 있어 음악적 메시지가 중요한 교향곡보다 스토리를 접하는 흥미로움이 특징이기도 하다.

이 특별한 교향시를 돋보이게 한 건, 앞서 얘기했듯 슈트라우스만의 특별한 음향일 것이다. 뮌헨의 비르투오소 호른 주자인 프란츠 슈트 라우스의 아들로 태어나 아버지로부터 남다른 악기 체험과 음악 교 육을 받은 슈트라우스의 강점 때문이다. 악기 음향 효과에 정통했던 작곡가답게 그의 음악은 오케스트라의 모든 악기들이 살아 움직이 듯 생생하게 느껴지면서 베토벤이나 브람스의 관현악곡에서 들려오 던 음향과는 전혀 다른 다채로운 화려함이 있다. 덕분에 그는 오케 스트라로 그처럼 다채롭고 황홀한 음향을 자신의 작품에 효과적으 로 접목하면서 음악적 이상을 완성할 수 있었던 행운의 작곡가가 되 었다.

놀랍고 흥미로운 일이다. 19세기에 인류의 기원에서 발전까지의 과 정을 그린 철학적인 교향시가 나왔고, 20세기에 영화는 그것을 예 언으로 정리했으며, 그들이 예고했던 2001년은 이제 훌쩍 지나 무려 2023년에 이르고 있다는 사실이 말이다. 그리고 20세기 중반에 꿈 꾸던 모든 것들은 이제 당연한 '실현'이 되었다. 놀라울 일도 없는 실 생활이 된 것이다. 그렇다면 다시 한 세기를 훌쩍 뛰어넘어 22세기는 어떠할까? 상상 속에서 또 한 번의 새해를 맞는 일은 즐겁다. 반면 어쩐지 모골이 송연해지는 건 왜일까?

CD

- 로린 마젤 지휘, 빈 필하모닉 오케스트라 / *DG*
- 카라얀 지휘, 베를린 필하모닉 오케스트라 / *DG*
- 프리츠 라이너 지휘, 시카고 심포니 오케스트라 / *SonyMusic*
- 게오르그 솔티 지휘, 빈 필하모닉 오케스트라 / *Decca*
- 구스타보 두다멜 지휘, 베를린 필하모닉 오케스트라 / *Universal*

새해를 신나게 시작할 부동(不動)의 앙코르

요한 슈트라우스 1세
라데츠키 행진곡

연주회장에서 가장 기분 좋아지는 순간은 어떤 장면일까? 아름답게 연주가 끝나고 환호를 보내는 관객들에게 연주자가 흔쾌히 앙코르곡을 선사하는 때일 것이다. 관객들은 다시 열광하고, 그러다 보면 종종 이 부분이 후끈 달아오르는 재 발화점^{發火點}이 되기도 한다. 마치 이제 본격적으로 흥이 오르는 듯하고, 그러니 다시 연주회가 시작되어야 할 것 같고, 충분히 그걸 즐길 힘이 솟는 것 같고, 그래서 더욱 아쉬워진다.

해마다 가장 먼저 연주되는 앙코르곡이 있다. 연주회가 이미 준비된 곡으로 연주되고, 연주자의 그날 기분에 따라 유일하게 즉흥적으로 선택되는 것이 앙코르곡이라는 것을 감안하면 꼽아보는 것이 불가능할 텐데 그래도 매년 확실하게 연주될 앙코르곡은 존재한다.

빈 신년 음악회에서의 『아름답고 푸른 도나우 op.314』와 『라데츠키 행진곡 op.228』이다.

오스트리아의 대표적인 관현악단인 빈 필하모닉 관현악단이 매년 12월 31일과 1월 1일 정오에 빈 음악 협회 황금홀에서 개최하는 음악회인 빈 신년 음악회의 정식 명칭은 〈빈 필하모닉 오케스트라 신년 음악회〉이다. 12월 31일의 자정을 가리키는 성 슈테판 성당의 종소리에 이어 빈의 라디오 방송에서는 일제히 요한 슈트라우스의 왈츠로 새해의 시작을 알린다. 1월 1일의 새아침이 밝아오면 전 세계 음악 팬들의 이목이 빈으로 모아진 가운데 아름다운 왈츠의 멜로디로 수놓아진 빈 필하모닉의 새해 음악회가 황금홀에서 열린다.

1941년 클레멘스 크라우스의 지휘로 시작되어 지금까지 매년 전 세계인들의 새해를 즐겁게 열어주고 있는 이 신년 음악회의 백미가 지휘자와 오케스트라 단원들이 청중들을 향해 새해 인사를 한 후 연주되는 앙코르의 전통이다. 그중 1959년부터 지금까지 해마다 거르지 않고 연주되는 피날레 곡이 『라데츠키 행진곡』이니 진정한 이날의 앙코르는 『라데츠키 행진곡』이라 해도 무리는 아닐 것이다.

『라데츠키 행진곡』은 요한 슈트라우스 2세의 아버지이며, '왈츠의 아버지'로 일컬어지는 요한 슈트라우스 1세가 성홍열로 세상을 떠나기 1년 전인 1848년에 작곡한 왈츠풍의 행진곡이다. 제목에서 보듯 오스트리아 장군 조세프 라데츠키에게 헌정한 곡이다. 라데츠키 장군은 오스트리아의 영토였던 북부 이탈리아의 독립운동을 진압한 장군으로, 1848년 오스트리아의 치하에서 독립하려는 이탈리아군과 쿠스토자에서 싸워 승리한 오스트리아의 영웅이다. 이를 기념하기 위해 행진곡풍으로 만든 곡이 『라데츠키 행진곡』이다. 1848년 8월 31일에 초연되었는데, 승리의 기쁨에 취한 오스트리아인들은 세 번이나 앙코르를 외치며 모두 일어나 손뼉을 치고 발을 굴렀다. 이후 그 특유의 늠름함과 흥겨운 선율로 인해 빈 사람들에게 큰 사랑을 받으며, 지금은 마치 오스트리아의 애국 행진곡처럼 여기게 된 기념비적인 작품이다.

마지막 앙코르라는 점, 행진곡이라는 점, 박수와 환호가 이어지는 곡이라는 점에서 라데츠키는 그냥 얌전히 앉아서 '듣는' 음악이 아니다. 금관과 팀파니의 화려하고 힘찬 연주가 시작되면 청중들은 절로 손뼉을 치고 싶어 손이 근질거리고, 이를 간파한 지휘자는 청중을 향해 돌아서서 박수를 유도한다. 연주자와 청중이 함께 경쾌함과 즐거움으로 곡을 만들어 가는 것이다. 물론 중간중간 엇박자도 있고, 박수를 치기에는 부드러운 부분도 있어서 마음처럼 박수치기가 쉽지는 않다. 어디에나 꼭 있는 엇박자를 치는 사람도 있다. 그러다 보니 지휘자가 주는 사인이 무엇보다 중요해지는데, 이 사인을 보내는 지휘자의 손끝과 표정, 이를 따라 하며 즐기는 청중, 양쪽의 기운으로 한껏 고무되는 오케스트라 연주가 하나가 될 때 『라데츠키 행진곡』은 제대로 완성된다. 이를 위해 모든 엇박과 망설임, 부끄러움을 재치있고 흥겹게 이끄는 지휘자의 노련함과, 이를 즐겁게 따르며 '실수하지 않는' 영리한 청중, 지휘자가 청중 쪽으로 아예 몸을 돌려도 흔들림 없이 지휘자의 사인을 알아서 간파하는 오케스트라 단원들이라는 삼박자가 어우러져야 한다는 얘기다.

요한 슈트라우스의 왈츠로 열리던 빈 신년 음악회가 20세기 후반부터는 새로운 레퍼토리와 개성적인 스타일을 선보이며 전통적인 범주로부터 서서히 탈피해 나가고 있다. 왈츠도 좋지만, 왈츠만큼 즐거운 새해를 축하할 만한 음악도 즐겨보자는 생각에서다. 그럼에도 불구하고 여전히 부동의 자리를 지키며 씩씩하고 활기찬 빈의 고풍스러움을 고수하고 있는 것이 마지막 앙코르곡『라데츠키 행진곡』이다. 새해가 시작되었는데도 전년도의 무거움이나 그늘을 아직까지 등에 지고 있는 이라면 이 곡을 들으며 당장 씻어내도록! 신나게 박수도 치고, 더 신나게 발도 굴러 보면서 말이다. 단, 엇박자의 박수는 금물이다. 애써 씻어 낸 그늘이 다시 도래할 수도 있으니 열심히 집중하면서 말이다.

p.s. 감상을 원한다면

CD
- 빌리 보스코프스키 지휘, 빈 필하모닉 오케스트라 / *DECCA*
- 카라얀 지휘, 베를린 필하모닉 오케스트라 / *DG*
- 카라얀 지휘, 빈 필하모닉 오케스트라 / *DG*
- 카를로스 클라이버, 빈 필하모닉 오케스트라 / *SONY*
- 벨저 뫼스트 지휘, 빈 필하모닉 오케스트라 / *Universal*
- 바렌보임 지휘, 빈 필하모닉 오케스트라 / *SonyMusic*

DVD
- 주빈 메타, 빈 필하모닉 오케스트라 / *DG*
- 마리스 얀손스, 빈 필하모닉 오케스트라 / *SONY*
- 바렌보임 지휘, 빈 필하모닉 오케스트라 / *SonyBMG*
- 앙드레 류 지휘, 요한 슈트라우스 오케스트라 / 유니버설뮤직
- 벨저 뫼스트 지휘, 빈 필하모닉 오케스트라 / 유니버설뮤직

낙화(落花)의 계절에 개화를 떠올리는

타레가
알함브라 궁전의 추억

몇 년 전 9월이었던 것으로 기억한다. 거의 그 한 달을 기타 음악의 풍년 속에서 보내고 있었는데, 이유는 당시 공연장 담당자들이 한결같이 기타 연주를 특별히 선호해서였다. 가을이고, 가을에 딱 들어맞는 연주라는 이유에서다. 필자 역시 가을 기타 연주를 멀리할 이유가 없었으므로 결국 그해 9월은 '기타'가 되었다.

기타라는 악기에 크게 관심을 가졌던 것은 오래된 영화 〈금지된 장난〉에서부터이다. 르네 클레망 감독의 1952년작이었던 이 영화는 동심을 통해 전쟁의 비참함과 성인들의 에고이즘을 고발한 작품이다. 전쟁 속에서 인형처럼 예쁜 두 아이 플레트와 미셸이 묘지의 십자가를 훔쳐내 죽은 동물들의 장례식 장난을 하는 내용이다. 천진난만하지만 그랬기에 더 충격적인 장면으로, 전쟁을 일으키는 어른들의 마음을 강타했던 영화이다. 그와 함께 영화 전편에 흐르던 20세기 최고의 기타리스트로 꼽히는 나르시소 예페스의 기타 선율 「로망스」는 스페인 민요를 기타 음악으로 재손질해 영화 제목이 〈금지된 장난〉인지 〈로망스〉인지 혼동될 만큼 잊을 수 없는 아름다움이었다.

또 하나는 여고 시절에 만났던 박영한 작가의 《머나먼 쏭바강》이라는 작품이다. 베트남전에 참전했던 작가의 경험을 바탕으로, 전쟁의 의미에 대해 끊임없이 고뇌하는 황일천 병장과 베트남 여인 빅 뚜이의 사랑과 비극을 그린 작가의 데뷔작이다. 작품 속 황병장은 연세대 기타 동아리 오르페우스 출신임을 줄곧 이야기하고, 틈틈이 기타를 연주하며 기타와 함께 하는 것으로 괴로운 전쟁의 한복판을 견뎌나간다. 그 절절함 때문에 소설 속 기타 소리가 마음으로 그대로 전해져 오던 기억이 지금도 생생하다.

그때 기억나는 무대 한 장면은 클래식 기타 음악의 '아담'이라고 할 수 있는 프란시스코 타레가의 『알함브라 궁전의 추억』 연주였다. 트레몰로(같은 음을 같은 속도로 여러 번 치면서 연주하는 주법)의 떨림으로 시작되는 선율이 애잔하게 울리자 관객석에서 터져 나왔던 기쁨의 탄성! 그렇게 시작된 곡이 끝날 때까지 가슴에 손을 얹고 몰입하게 하던 관객들의 모습이 얼마나 아름다워 보였는지….

아름다운 『알함브라 궁전의 추억』은 유럽에 현존하는 아랍 건축물 중 가장 뛰어난 궁전으로 꼽히는 알함브라 궁전을 배경으로 하고 있는 음악이다. 1984년 유네스코 세계문화유산으로 지정되기도 한 알함브라는 '붉은 성'을 뜻하는 아라비아어이다. 특유의 인공미는 물론이려니와 자연과의 조화 또한 일품인 이슬람 건축의 백미로, 에스

파냐에 존재했던 마지막 이슬람 왕조인 나스르 왕조의 무함마드 1세 알 갈리브가 13세기 중반에 세우기 시작했으며, 증축과 개보수를 거쳐 14세기에 완성된 것이다.

하지만 그 아름다움만큼이나 비극적인 운명을 가진 궁전이기도 하다. 1492년 콜럼버스가 아메리카 대륙을 발견하던 해, 스페인의 페르난도 2세의 공격을 막지 못한 나스르 왕조의 마지막 왕 보아브딜은 이 궁전을 평화적으로 내어주고 아프리카로 떠났기 때문이다. 이후 스페인은 근대 국가로의 변화를 맞지만, 알함브라 궁전만큼은 800여 년간 내려온 이슬람 문화의 찬연함을 간직한 존재로 홀로 유럽 속에서 있게 되었다.

1832년 미국의 외교관인 워싱턴 어빙이 《알함브라 이야기》를 출판하면서 국제적으로 알려져 궁전의 아름다움과 역사적 가치가 재발견되었는데, 스페인의 기타 연주가 및 작곡가인 프란시스코 타레가에게도 이 궁전의 아름다움이 눈에 띄었다.

1896년, 당시 타레가는 제자인 콘차 부인을 짝사랑하고 있었다. 불행하게도 그녀는 타레가의 사랑을 거부했고, 실의에 빠진 그는 그라나다로 여행을 떠난다. 거기서 타레가의 마음을 사로잡은 것이 알함브라 궁전이었다.

달빛이 드리워진 이 궁전의 아름다움을 따라 자신의 사랑을 떠올리며 『알함브라 궁전의 추억』을 작곡했다는 전설과도 같은 이야기가 나온 이유이다. 속설에는 타레가의 『알함브라 궁전의 추억』을 들은 콘차가 알함브라로 찾아와 타레가와 로맨틱한 하룻밤을 보냈다고도 하나 확인할 길은 없다. 그렇지만 작곡가의 사랑이라는 낭만적인 탄생 배경과, 아름다움의 백미로 꼽히는 환상의 궁전이 더해지면서 이 곡은 많은 사람들의 심금을 울리는 명곡이 되었다. 기타 음악을 잘 모르는 이라도 이 곡만큼은 낯설지 않을 정도이다.

기타리스트의 손끝에서 피어나는 『알함브라 궁전의 추억』 속에서 사람들은 아스라한 시간의 저편으로 날아가고 있는 듯했다. 그 아련함이 공연장 전체를 촉촉하게 적시면서 필자 역시 금지된 장난에, 쏭바강의 기억 속으로 빠져들었었다. 첫사랑의 추억을 더듬은 건 아니냐고? 노코멘트.

p.s. 감상을 원한다면

CD
- 나르시소 예페스 / *DG*
- 줄리안 브림 / *RCA*
- 맷츠 베르그스트롬 / *NAXOS*
- 데이비드 러셀 / *SONY*

또 하나의 사계, 자연에 대한 거장의 소박한 감사

하이든
사계

거듭된 오페라의 실패로 빚더미에 올라앉았던 헨델이 돈 덜 드는 오라토리오 『메시아』의 성공으로 기사회생 했던 것은 음악사상 유명한 성공 스토리이다. 이를 대단히 부러워했던 작곡가가 하이든이다. 하이든은 에스테르하지 후작의 후원 아래 수많은 교향곡, 현악 4중주곡, 피아노 3중주곡, 건반 소나타 등 고전파의 규범이 되는 기악곡 형식을 창조하면서 당대 유럽에서 가장 명망 높은 음악가였다. 하지만, 독실한 가톨릭 신자였던 그가 아직 이렇다 할 만한 종교 음악을 내놓지 못하고 있다는 고민이 있었다. 그런 하이든이 비로소 종교 음악 작곡에 착수할 용기를 갖게 된 것은 50대에 이르러서이다. 하이든은 1790년부터 5년 동안 두 차례에 걸쳐 런던을 방문했는데, 그곳에서 접한 것이 헨델의 『메시아』였다. 웅대하고 감동적인 헨델의 오라토리오에 깊은 충격을 받은 하이든은 귀국하자마자 다른 작곡은 중단한 채 본격적으로 오라토리오 작곡에만 전념하게 된다. 그 결과 탄생한 것이 1798년의 『천지창조』, 3년 후인 1801년의 『사계』이다.

『천지창조』가 창세기가 전하는 7일간의 천지창조라는 강렬한 서사라면 『사계』는 소박한 농부의 눈을 통해 본 봄, 여름, 가을, 겨울을 노래하는 자연에 대한 찬미와 외경의 음악이다. 같은 제목과 소재로 이탈리아의 비발디와 러시아의 차이콥스키, 아르헨티나의 피아졸라 등의 작품도 있는 만큼 하이든의 『사계』는 또 어떤 것이 다른 것인가 하고 보게 되는 특별함이 있다.

『사계』는 하이든과 함께 작업한 『천지창조』의 어마어마한 성공을 잇는 역작을 한시바삐 만들고 싶었던 대본가 고트프리트 반 슈비텐의 서두름 속에서 이루어졌다. 『천지창조』 이후 하이든에게 새로운 오라토리오에 대한 구상을 밝힌 슈비텐은 영국 시인 제임스 톰슨의 전원시 〈사계〉를 각색해 작곡 요청을 했다. 곡의 주제가 『천지창조』에 비해 특별하다고 할 수는 없지만, 이를 위해 하이든은 일 년여 동안 오스트리아의 교외에서 일어나는 자연의 풍경과 사람들의 모습을 독창적이고 경쾌한 음악으로, 무엇보다 사람의 온기가 느껴지는 음악으로 표현했디.

  총 4부 39곡으로 구성된 『사계』는 봄, 여름, 가을, 겨울의 자연이 주는 사계절의 변화로, 그에 따르는 자연에 대한 외경과 환희, 그 속에서 살아가는 서민들의 삶, 소박한 젊은 농부들의 사랑과 농부들의 하느님에 대한 감사 등을 그리고 있다. 종교적 내용을 바탕으로 하기에 신이나 천사, 예언자들이 나오는 다른 오라토리오와는 달리 농부인 시몬과 딸 한네, 그녀의 애인인 젊은 농부 루카스가 등장하는 것도

『사계』의 획기적인 부분이다.

이 때문에 천사가 찬양하는『천지창조』와 비교해『사계』는 '천한 농부가 주를 찬양한다.'는 등 상당한 비판을 받기도 했지만, 자연과 그 속에서 생활하는 농부들의 소박한 생활과 그들의 기쁨이 아름답게 묘사되어 있고, 그들의 신앙생활이 잘 나타나 있는 걸작이라 할 수 있다. 각 계절마다 고유의 선율과 화음으로 그 시기의 풍경을 묘사하며, 첫 부분에는 계절을 묘사하는 시詩가, 그리고 시몬과 한네, 루카스의 독창과 중창, 농부와 사냥꾼들의 합창으로 이어지는 대화 형식이다.

제1부「봄」은 '겨울은 지나가고 봄이 왔네'라는 내용의 합창 속에 호미를 들고 파종을 하러 들에 나가는 농부, 비가 오기를 기도하는 노래와 함께 아름다운 들의 풍경, 모든 자연의 소리와 함께 신을 찬양한다. 제2부「여름」은 농촌 여름의 하루를 그리고 있는데, 오보에의 부드러운 선율 속에 풀벌레 소리와 함께 여름밤을 지내고 새벽이 밝아오는 풍경과, 양떼를 따라 밤이 밝기를 기다리는 목동, 떠오르는 태양을 찬미하고 창조주에게 감사한다. 제3부「가을」은 풍년을 축복하는 농부들의 노래로, 풍년을 축하하는 농부들의 합창과 함께 포도주를 마시며 춤추는 젊은이들의 생기에 찬 노래가 울려 퍼진다. 이어 스산한 겨울 벌판의 정경을 노래하는 제4부「겨울」은 즐거움은 지나고 밤이 계속되는 겨울, 눈보라에 길을 잃은 나그네가 피난처를 찾는 모습 등을 통해 '폭풍은 가고 영원한 봄이 올 것'이라는 믿음을 노래한다. 춥고 긴 겨울도 곧 지나갈 것이라는 희망과 감사의 메시지 이다.

하이든은 이 작품을 작곡하는 동안 자주 탈진했던 것으로 전해진다. 신에 대한 장엄한 찬양인 『천지창조』에 이어 인간의 눈으로 보는 자연, 그를 통해 다가오는 신에 대한 감사와 기원을 담기 위해 모든 걸 쏟아부은 탓이리라. 그리고, 이 작품은 두고두고 감동을 주는 걸작이 되었다.

오래오래 겨울일 것만 같던 시간은 어느덧 흘러 화사한 봄이 우리 앞에 따스하게 펼쳐지고 있다. 삶에도 봄, 여름, 가을, 겨울이 있다. 그리고 유난히 추운 겨울이 있을 수도 있다. 하지만 어떠한 경우에도 봄은 온다. 200여 년 전의 하이든이 얘기하고자 했던 이런 위안이 있어 우리는 매 순간 희망을 놓지 않고 살아갈 수 있는 것 아닐까? 만끽하자. 내게 다가온 새 봄을!

CD
- 네빌 마리너 지휘, 아카데미 오브 세인트 마틴 필즈 / *Philips*
- 야노비츠, 슈라이어, 칼 뵘 지휘, 빈 필하모닉 오케스트라 / *DG*
- 야노비츠, 베리, 카라얀 지휘, 베를린 필하모닉 오케스트라 / *Warner Classics*
- 귀라, 게르하허, 아르농쿠르 지휘, 콘첸투스 무지쿠스 빈, 아놀드 쇤베르크 합창단 / *DHM*

DVD
- 샤데, 뢰쉬만, 아르농쿠르 지휘, 빈 필하모닉 오케스트라 / *EuroArts*
- 테일러, 루카스, 구텐베르크 지휘, 클랑베르발퉁 오케스트라 / *Farao*
- 슈툼피우스, 스티븐슨, 헬무트 릴링 지휘, 바흐-콜레기움 슈투트가르트 / *Arthaus Musik*

피날레를 맞을 준비가 되었는가?

피아졸라
사계

눈 한번 깜빡였는데 어느새 10월의 문턱을 넘어서 있다. 노을, 지는 해, 석양을 마주할 시간이 온 것이다. 참으로 시간이란, 그리고 그것을 몸으로 느끼게 해주는 계절이란, 지나치게 정직하고 지나치게 완벽해서 벅차다 싶을 때가 있다.

10월의 공연 스케줄을 보니 피아졸라의 『사계』 연주가 눈에 많이 띈다. 현악 연주를 좋아하는 팬들이라면 근래 들어 가장 많이 접하는 무대 위에서의 앙코르곡이 피아졸라의 곡인 요즘이다. 그중 『사계』, 그 안에서도 「가을」은 이즈음 많이 듣게 된다. 일 년 중 사계절의 의미를 가장 많이 반추하게 되는 달이라서가 아닐까 하는 생각을 한다. 김현승의 시가 떠올랐던 것도 그런 맥락에서였다.

봄, 여름, 가을, 겨울의 사계절을 각각 음악으로 표현한 작곡가는 꽤 있다. 대표적인 인물이 이탈리아의 작곡가 비발디와 러시아의 차이콥스키, 그리고 아르헨티나의 '탱고 대부代父' 피아졸라이다. 앞선 두 사람 비발디와 차이콥스키가 정통 클래식『사계』라면, 피아졸라는 탱고를 클래식화한『사계』를 탄생시킨 차이점이 있다. 이 중 비발디와 피아졸라는 특히 남다른 의미로 연결된다. 두 사람의 '사계'가 얽힌 연결고리 때문이다.

피아졸라는 비발디의『사계』가 작곡된 약 200년 후에 태어났다. 비발디의『사계』가 처음부터 바이올린 협주 연주 스타일로 봄, 여름, 가을, 겨울의 사계절을 순서대로 각각 3악장으로 표현한 것이라면, 피아졸라의『사계』는 좀 다르다. 정확히 '사계절의 포르테냐Cuatro Estaciones Portenas'가 원제인 이 곡은 '부에노스 아이레스의 사계'라는 부제를 달고 있다. '포르테냐'는 민속 음악을 뜻하는 스페인어이다. 그리고, 처음부터 피아졸라의 의도 하에 계획되어 작곡된 하나의 곡이 아니라 각각 따로따로 작곡한 것을 후대에 재정비, 편곡하면서 완성된 곡이라는 차이가 있다.

일명 '탱고의 전설'로 불리는 피아졸라는 탱고에 새로운 활력을 불어넣은 작곡가이자 반도네온 연주의 거장이다. 아르헨티나의 대표 음악인 탱고는 본래 춤곡으로시의 정체성을 강하게 유지하고 있있지만, 피아졸라의 손에 이르며 춤으로부터 독립한, 연주를 위한 탱고로 재탄생 된다. 클래식과 재즈에 접목한 새로운 의미의 탱고 'Nuevo Tango'가 탄생된 배경이다.

피아졸라는 이러한 신개념의 탱고를 부에노스아이레스의 사계절에 접목한다. 물론 우리가 생각하는 계절의 순서대로 작곡한 것은 아니고, 여러 시기에 걸쳐 마음이 동하는 대로 각각 사계절의 부에노스아이레스의 항구 풍경을 그린 것이다. 「여름(1964)」, 「가을(1969)」, 「봄(1970)」, 「겨울(1970)」이 이렇게 나오게 되었다. 반도네온, 바이올린, 일렉트릭 기타, 피아노, 더블베이스의 5중주 편성이다.

피아졸라의 이 선율에 매료된 이가 20세기의 대표적인 바이올리니스트 기돈 크레머이다. 마침 비발디 『사계』의 새로운 버전을 구상하던 중이던 크레머는 피아졸라의 탱고 오페라 작품인 『부에노스아이레스의 마리아』 속에서 「부에노스아이레스의 겨울」을 발견하고 그 매력적인 선율에 환호한다. 이후 다른 피아졸라의 작품을 뒤져 나머지 계절들을 찾아낸 피아졸라는 작곡가 친구인 레오니트 데샤트니코프에게 편곡을 부탁한다.

데샤트니코프는 탱고 앙상블을 위한 이 곡을 비발디의 협주곡과 같은 편성으로 오케스트레이션 했고, 각각 떨어졌던 사계절을 모아 하나의 작품으로 완성했다. 여기에 같은 제목의 『사계』를 만든 비발디를 오마주^{Hommage}하는 의미에서 원곡에는 없던 비발디의 악상을 인용해 넣는 센스를 발휘한다. 피아졸라의 아르헨티나가 비발디의 이탈리아와는 계절이 정반대인 남반구인 점을 떠올려 「부에노스아이레스의 여름」에 비발디의 「겨울」 악장을 삽입하는 식의 애교가 눈에 띄게 된 이유이다.

덕분에 이 곡은 비발디의 『사계』와 함께 거론되며 오늘날 많은 현악 연주자들이 무대에 올리며 사랑하는 대표적인 작품이 되었다. 맑고 청명함으로 연상되는 비발디의 사계절과는 다른 우울하고 나른한, 그러면서 뜨겁게 타오르는 불꽃의 열기로 차오른다. 피아졸라의 손에서 떠나지 않았던 반도네온이 포함된 연주도 좋고 기돈 크레머의

현악 연주도 좋다. 피날레로 들어가는 도입이 슬쩍 느끼기 시작하는
이맘때 특히 남다른 음악이다. 10월, 깊은 가을 아닌가.

p.s. 감상을 원한다면

CD

- 기돈 크레머, 크레머라타 발티카 / *NONESUCH*
- 릭 슈토테인, 스웨덴 방송 교향악단 / *Channel Classics*
- 에오스 기타 콰르텟 / *Divox*
- 빌라-로보스 트리오 / *Oehms Classics*
- 트리오 단테 / *Gramola*

5장

클래식을 사랑하는 당신에게

연가(戀歌) & 상념

슈만 - 시인의 사랑 / 헨델 - 세르세 중 '그리운 나무 그늘이여' /

번스타인 - 웨스트 사이드 스토리 / 말러 - 대지의 노래 / 베르디 - 라 트라비아타 중 '축배의 노래' /

슈베르트 - 아베 마리아

시인과 음악가가 그려 낸 아름답고 슬픈 연가

슈만
시인의 사랑

1797년 뒤셀도르프에서 가난한 유대 상인 가정의 장남으로 태어난 하인리히 하이네의 부모는 하이네가 함부르크 은행가인 숙부처럼 상인이 되기를 바랐다. 반면 하이네는 장사보다 문학에 관심이 있었다. 그래서일까? 결과적으로 하이네 부모의 소망은 이루어지지 못했다. 아들의 첫사랑이 그의 행로를 바꾸어 놓은 탓이다. 그녀의 이름은 아말리에. 하이네가 17세가 되던 해 상인이 되기 위한 수업을 받기 위해 숙부의 집에 머물던 중 운명적으로 만난 숙부의 딸이었다. 하이네는 그녀를 열렬히 사랑했으나 결국 이루어지지 못한 비련이 되었다. 생애 처음 맞은 실연의 고통을 하이네는 아름다운 시어詩語로 승화시켰다. 1827년 발표한 시집 《노래의 책》이 그것이다.

1828년 라이프치히 법과 대학에 입학하게 된 18세의 슈만은 그해

가을 남독일 지역을 여행하게 된다. 이때 평생에 걸쳐 영향을 받게 된 세 문호(바이런, 호프만, 하이네) 중의 하나인 하인리히 하이네를 만나게 된다. 특히, 당대 엄청난 반향을 일으킨 작품이던 하이네의《노래의 책》에 슈만 역시 크게 심취하게 되고, 시인의 이루어지지 않은 사랑의 아픔이 깊은 인상으로 각인되었다.

슈만은 독일 낭만주의 시대의 최고 작곡가 중 한 사람이다. 그의 부친은 문학을 지망하여 저술과 출판을 업으로 삼았던 사람이다. 음악가이기도 하지만 그 누구보다 문학을 사랑하고 이해하여 음악으로 승화시켰던 슈만의 재능은 이러한 아버지의 영향 덕분일 것이다. 처음엔 피아니스트가 되고자 했으나 손가락 부상으로 작곡가와 평론가의 길로 들어선 슈만은 그를 지도하던 스승 프리드리히 비크의 딸 클라라 비크와 열렬한 사랑에 빠진다.

클라라는 당시 큰 인기를 모으던 유망 여류 피아니스트였다. 이런 클라라에 비해 무명의 작곡가에 불과했던 슈만을 스승 비크가 달가워할 리 없었다. 이후 비크의 엄청난 반대에 부딪힌 슈만이 들인 노력과 고충은 눈물겹다. 결국, 장인이 될 비크를 법정에 세우기까지 하고서 클라라와의 사랑을 이룰 수 있었던 슈만이다. 장인과 소송을 시작한 지 2년여, 그야말로 드라마틱한 사랑을 했던 슈만이 사랑하는 클라라와 결혼해도 좋다는 법원의 허락을 기다리는 동안 떠올린 것이 하이네의《노래의 책》이었다.

순탄치 못한 사랑을 했던 작곡가에게 시인의 절절한 사랑의 아픔이 담긴 시어가 남다를 수 있었으리라는 것은 자명한 일이다. 슈만은 하이네의《노래의 책》중 '서정적 간주곡' 부분에 음악을 붙여 가곡집으로 정리한다. 그의 250여 편에 달하는 수많은 가곡 중에서 최고의 걸작으로 평가받는 『시인의 사랑 op.48』이 탄생한 것이다.

1840년 탄생한 『시인의 사랑』은 모두 16곡으로 이루어진 연작 가곡집이다. 1.「아름다운 5월에」, 2.「나의 눈물에서」, 3.「장미, 나리, 비둘기에게」, 4.「당신의 눈동자를 바라볼 때」, 5.「나의 마음을 나리꽃 품 안으로」, 6.「신성한 라인의 물줄기에」, 7.「나는 슬퍼하지 않으리」, 8.「꽃이 안다면」, 9.「울리는 것은 플루트와 바이올린」, 10.「연인의 노래를 들을 때」, 11.「젊은이는 소녀를 사랑하고」, 12.「밝은 여름 아침」, 13.「꿈속에서 나는 울었다」, 14.「밤마다 꿈속에」, 15.「옛이야기 속에서」, 16.「지겨운 추억의 노래」로 이어진다.

처음 6곡은 사랑에 빠진 젊음의 기쁨과 환희를, 다음 8곡은 깊은 실연의 슬픔을, 마지막 2곡에서는 잃어버린 사랑에의 회상을 그리듯 노래하는 것이 특징이다. 노래와 함께 어우러지는 피아노가 종래의 반주 개념을 무너뜨리고 독자적인 세계를 구축해 또 하나의 화자가 되게 한 낭만파 가곡의 장점이 고스란히 드러난 작품이기도 하다.

시인이 되새긴 사랑의 빛과 그늘, 사랑이라는 것이 마냥 달콤한 것만이 아닌, 가슴을 울리는 생의 쓸쓸함과 아이러니를 슈만은 환희, 불화, 승인, 끝없는 부활이 어우러진 흥미롭고 매력적인 드라마로 그려 놓았다. 이를 제대로 표현하기 위해 독일 가곡의 대가 디트리히 피셔-디스카우가 여섯 번이나 『시인의 사랑』을 녹음한 것은 유명하다. 덕분에 디스카우의 75세 생일을 맞아 발매된 특별 음반에서 그의 『시인의 사랑』은 시인, 작곡가와의 교감을 이끈 깊은 통찰력과 해석의 음악으로 빛을 발한다.

독일 가곡^{Lied}은 뛰어난 시어와 그를 음미하며 힘을 빼고 되새기듯, 천천히 털어놓듯 부르는 것이 가장 큰 매력이다. 시인과 음악가를 흔들었던 연가가 웅변하듯 토해 내는 것일 수는 없을 테니까. 봄꽃으로 세상이 화사하고 물오른 연초록이 마음에 가득 찬 시름을 걷어내는 이 계절에, 지난날 청춘의 연가^{戀歌}가 눈물겹게 다가오는 것은 그래서인 듯하다.

우아한 순백의 목련이 낙화일 때는 차마 보기 힘든 퇴색의 모습으로 한순간에 떨어져 나뒹구는 것처럼 말이다. 시작은 아름다웠으나 끝은 추락하는 슬픔일 수도 있는, 그러나 그 향기와 빛은 오래오래 빛날 사랑의 본질이 여기 있기 때문이다.

p.s. 감상을 원한다면

CD
- 피셔 디스카우, 브렌델 / *PHILIPS*
- 프리츠 분덜리히, 기젠 / *DG*
- 이안 보스트리지, 드레이크 / *WEA*
- 슈라이어, 에센바흐 / *Teldec*
- 브린 터펠, 마르티뉴 / *DG*
- 괴르네, 아쉬케나지 / *DECCA*

DVD
- 토마스 햄슨, 리거 / *Medici Arts*
- 크리스틴 쉐퍼, 앙따르꽁땅뽀랭 / *Arthaus Musik*
- 아라이자, 르매르 / *Accentus*

사랑 때문에 고단한 페르시아 왕을 위로해 준

헨델
세르세 중 '그리운 나무 그늘이여'

잭 스나이더 감독의 영화 〈300〉을 기억하는지. 기원전 480년, 그리스의 도시 국가 스파르타가 페르시아 군대에 맞서 싸우는 역사적 사실을 그리고 있는 영화에서 등장한 거구의 페르시아 왕 크세르크세스^{Xerxes}는 '나는 관대하다'라는 명대사를 날려 두고두고 회자된 인물이다. 영화의 내용에 대해선 실제 상황과 다른 여러 부분 때문에 논란이 있긴 하지만, 이 크세르크세스의 이탈리아 발음이 '세르세^{Serse}'이다.

이 세르세 왕의 이야기를 오페라화 한 작곡가가 헨델이다. 물론 〈300〉 속 크세르크세스가 실제와 다르듯 오페라 『세르세』 속 크세르크세스 왕 역시 실제와는 좀 다르다. 원래 크세르크세스 왕은 남성적이며 위엄 있고 냉혹한 통치자로 유명했지만, 오페라의 주인공

세르세는 사랑에 빠진 소심하고 섬세한 남성으로 그려진다. 더구나 소프라노 또는 메조소프라노가 남장을 하고 이 역을 부르는 경우가 대부분이다. 부드럽고 인간적으로 보이는 일면도 있지만 무대 위에서 왕의 존재는 더욱 유약하거나 심지어 '작아 보이기까지' 한다.

헨델의 마지막 오페라이기도 한『세르세』는 고대 페르시아의 크세르크세스 왕과 그의 그리스 원정을 다룬 작품이다. 기원전 5세기경, 페르시아의 왕 세르세는 동생인 아르사메네와 사랑하는 사이인 로밀다에 반해 궁정에 끌어들이려 한다. 마침 로밀다의 여동생 아탈란타도 아르사메네에게 은근히 연정戀情을 품고 있어 언니와 아르사메네 사이를 갈라놓으면 되려니 하는 생각이 있었다.

이를 위해 아르사메네를 해외로 추방하려 하고, 아르사메네는 로밀다에게 보내는 편지를 하인에게 맡기는데, 이 편지가 아탈란타에게 잘못 전해지는 배달 사고를 일으키면서 복잡해진다. 아르사메네는 왕에게 자기가 사랑하는 사람은 로밀다라고 분명히 말하고 로밀다 역시 이를 동의하지만, 왕은 편지가 자신에게 왔다는 아탈란타의 말을 믿고 로밀다에게 구혼하기에 이른다.

이 와중에 머리가 아파진 실제 세르세 왕의 약혼자 아마스트레는 남장을 하고 페르시아 군에 들어가 왕의 변절을 직접 보고 들으며 괴로워하고 있는 중이다. 마침내 그녀가 정체를 밝히고 왕의 부덕을 나무라자 세르세는 뉘우치고 아마스트레와 맺어진다는 이야기이다. 물론 아르사메네도 로밀다도 행복한 결합이 된다.

안타까운 것은 헨델이 자신의 마지막 오페라로 남긴『세르세』가 그다지 많이 공연되지 않는다는 것이다. 이는 헨델 오페라의 특징에서 이유를 찾을 수 있는데, 대부분이 고대나 중세의 영웅을 주인공으로 삼은 그렇고 그런 '고색창연한' 내용들이라는 점 외에도, 아리아와 레치타티보(극의 줄거리나 행동을 설명하는 음악적인 낭독, 음정이 있는 대사)만을 나열한 스타일이 대부분이기 때문이다. 중창이나 합창, 연기, 춤 등을 만나기 어렵다는 점, 당시 상황상 카스트라토(거세 가수)가 주역을 맡는 작품이 대부분이었는데 카스트라토의 맥이 끊어진 후대에선 소프라노나 메조소프라노가 남장을 하고 노래해야 한다는 점, 그러니 맥이 빠진 느낌이 드는 점 등을 들 수 있다.

게다가 헨델은 그의 오페라에서 A-B-A 형식의 다 카포(앞으로 되돌아가라는 뜻)를 주로 사용했다. 레치타티보와 '다 카포 아리아'의 끊임없는 교차가 이루어짐으로써 청중들에게 주요 멜로디를 각인하는 방식인 셈이다. 그러다 보니 주요 아리아의 선율 하나하나는 아름답지만 되풀이되는 반복 때문에 오히려 지루해지는 '참을 수 없는 단순함'으로 빠질 수도 있는 함정이 뒤따랐다.

덕분에 『세르세』는 1738년 초연 시 청중들의 외면을 받아 겨우 5번 공연 후 막을 내려야 했다. 이후 1924년이 되어서야 다시 공연되기 시작했을 정도이다. 그러나 오페라 속에서 연인을 찾으려고 싱안의 온 정원을 돌아다니던 세르세 왕이 지쳐 나무 그늘에서 쉬며 '이렇게 소중하고 사랑스런 나무 그늘은 처음이다(Ombra mai fu...)' 라고 노래하는 「그리운 나무 그늘이여」는 살아남아 『세르세』의 명맥을 이어왔다. 일명 「라르고」라고도 불리는 이 아리아는 느리게 부르라는 '라르고'라는 악상 기호 때문이라고 알려져 있는데, 실제로는 '라르게토(라르고 보다 약간 빠르게)'가 맞다.

왕이 자신에게 그늘을 드리워 주는 나무를 치하하며 부르는 노래이니만큼 우아하면서도 부드럽고, 일면 숭고한 느낌까지 주는 탓에, 시간을 거슬러 많은 이들의 마음을 움직였다. 또 '카운터테너의 롤스로이스'로 불리는 안드레아스 숄의 대표곡으로 꼽히는가 하면 각종 드라마, 영화, CF 등에서도 즐겨 애용하는 '대중의 사랑을 받는' 아리아가 되었다.

결국 크세르크세스는 영화에서는 스파르타의 왕 레오니다스에게, 오페라에서는 고작 플라타너스 나무에게 밀린 처량한 신세가 된 셈이다. 그러나 그게 어딘가? 역사상에 명멸한 수많은 왕들 속에서 그렇게라도 내 이름이 전해지고 있다면… 하고 세르세는 안도하고 있을지도 모른다.

세상사 그런 새옹지마 아니겠는가!

p.s. 감상을 원한다면

CD
- 안네 소피 폰 오터, 아베테, 크리스티 지휘, 레 자르 플로상 관현악단 / *EMI Classics*
- 보스트리지, 비케트 지휘, 계몽주의 시대 관현악단 / *EMI*
- 이보르 볼튼, 머레이, 마케라스 지휘, 잉글리쉬 내셔널 가극단 관현악단/합창단 / *Philips*
- 프레니, 파네라이, 벨루지 지휘, 밀라노 스칼라 극장 오케스트라 / *Urania*
- 아사와, 말라프론테, 멕기건 지휘, 하노버 밴드 / *SonyBMG*
- Heroes – 헨델, 모차르트, 글룩 외 / 안드레아스 숄 / *Decca*

미국의, 미국적인, 미국의 오페라

번스타인
웨스트 사이드 스토리

개미와 베짱이가 있었다. 더운 여름 구슬땀을 흘리며 개미는 열심히 일했고, 베짱이는 시원한 나무 그늘에서 노래를 부르며 즐겼다. 그러다 추운 겨울이 오자 여름 동안 먹을 양식을 준비한 개미는 잘 살았고, 준비한 것이 없던 베짱이는 그만 굶어 죽었다. 누구나 다 아는 이 얘기가 21세기는 좀 다른 버전이란다. 한 유치원생의 반론인데, 개미가 여름 내내 일할 수 있었던 것은 베짱이가 노래를 불러 준 덕분 아닌가? 그렇다면 베짱이를 개미는 먹여 살려야 했던 게 아닌가 하는….

유치원생이 어떻게 그 어린 나이에 예술가를 대하는 시각이 정립되었을까? 새삼 놀란 스스로에 또 놀랐었다. 음악사에는 한 세기를 풍미하는 세기의 라이벌들이 종종 등장한다. 바흐와 헨델이 그랬고,

브람스와 바그너가 그랬으며, 20세기 중반 이후엔 베를린 필하모닉의 종신 음악 감독이며 유럽 음악계를 대표하던 헤르베르트 폰 카라얀과 미국의 자랑이며 미국 음악계의 대표이던 지휘자 레너드 번스타인이 있었다. 두 사람이 각각의 대륙을 대표하며 양쪽의 음악을 꽃피울 수 있었던 건 이들을 든든하게 응원하고 사랑하던 양 대륙 사람들의 힘이었다.

번스타인의 경우, 유럽 무대가 주축인 카라얀에 비해서 더 쉽지 않은 역할이었다. 역사가 길지 않고, 합중국이라는 특성상 딱히 이렇다 할 자신들만의 문화와 예술이 없던 미국에서 그가 할 일은 모두 새로 세우는 것이었기 때문이다. 그런 번스타인의 노력이 탄생한 걸작 중의 하나가 『웨스트 사이드 스토리』이다. 오페라를 하고 싶지만 유럽의 스타일을 미국에서 그대로 한다는 것은 아무 의미가 없는 터다. 미국 스타일의, 미국 색채가 듬뿍 첨가된 오페라를 고심하던 번스타인이 내민 카드는 재즈와 로큰롤 음악이 버무려진 미국판 '로미오와 줄리엣'이었다.

뉴욕의 뒷골목을 배경으로 아메리칸 드림을 꿈꾸며 미국으로 온 푸에르토리코 이민자들의 딸 마리아와 폴란드계 이주민의 아들 토니의 비극적인 사랑 이야기인 『웨스트 사이드 스토리』는 발표 당시는 물론 지금까지도 오페라인가, 뮤지컬인가의 경계점에 서 있는 작품이다.

영국의 대문호 셰익스피어의 4대 비극 중 하나인 《로미오와 줄리엣》이 원작이라는 것과 클래식 작곡가 번스타인의 손길을 거쳤다는 점이 오페라에 무게가 실리는 부분이다. 하지만, 재즈와 록 음악이 어우러졌으며 현대 무용과 발레 안무가로도 유명한 뮤지컬 안무가 제롬 로빈스가 기획과 연출, 안무를 도맡았다는 점에서 뮤지컬 쪽으로 기울기도 한다. 하지만 번스타인은 작품의 주인공으로 마리아 역에 소프라노 키리 테 카나와, 토니 역에 테너 호세 카레라스를 기용함으로써 그가 구상한 것은 오페라였다는 점을 내심 확실히 하기도 했다.

덕분에 이쪽인 듯하기도 하고, 저쪽인 듯하기도 한 『웨스트 사이드 스토리』는 그 정체가 불분명하게 되었지만, 그 점이 이 작품이 가진 특별한 매력이다. 아서 로렌츠의 각본, 후에 참여한 젊은 작사가 스티븐 손드하임, 당대 최고의 안무가 제롬 로빈슨과 번스타인의 조합은 1957년 브로드웨이 윈터가든 시어터에서 막을 올린 후 2년 만에 730여 회의 공연이 열릴 만큼 대 히트작이었다. 그 결과 번스타인은 뉴욕 필하모닉의 새로운 상임 지휘자로서, 또한 브로드웨이를 뒤흔든 히트작의 작곡가로서 세계 정상에 서게 되었다.

여기에는 맘보, 우아팡고(Huapango, 멕시코의 민속 무곡), 차차차와 최신식 쿨 재즈, 로큰롤 음악을 앞세워 극중 라이벌 관계인 푸에르토리코와 미국 갱단의 개성을 나타내면서, 사랑하는 두 청춘의 비극에 이르는 결말로 이어지는 매력이 가장 큰 성공 요인으로 꼽힌다. 또한 클래식 가수든, 뮤지컬 가수든 어떠한 발성으로도 소화할 수 있는 아리아들이 주옥같이 촘촘히 이어진다.

토니가 댄스 파티장에서 나와 어두운 거리를 거닐며 홀로 부르는 노래 「Maria」, 토니와 마리아가 비상 계단에서 부르는 사랑의 세레나데 「Tonight」, 베르나르도와 샤크파 청년들이 아니타를 비롯한 푸에르토리코 여성들과 맞대결 하듯 부르는 「America」, 토니와 만날 약속을 한 마리아가 친구들과 드레스 가게에서 부르는 「I Feel Pretty」, 드레스 가게로 찾아온 토니와 마리아가 결혼을 약속하며 부르는 달콤한 노래 「One Hand, One Heart」, 토니가 베르나르도를 살해한 뒤 마리아를 찾아와 함께 부르는 애절한 이중창 「Somewhere」는 두고두고 많은 이들에게 사랑받는 곡들이다.

번스타인을 사랑하고 아낀 미국인들에게 번스타인은 받은 것 이상의 것을 안겨주었다. 그가 선물한 『웨스트 사이드 스토리』가 그 대표적 결과물이다. 우리는 어떤가, 우리들의 예술가들을 어떻게 대하고 있는지 반문하게 되는 대목이다. 하루아침에 예술이 이루어질 수 없으며, 그렇게 이루어진 예술 안에서 우리가 숨 쉴 곳이 열리는 것인데 그 예술가들에게 너무나 소홀했던 것은 아닐까. 앞서의 그 유치원생은 전생에 나라라도 구한 것일까? 그렇지 않고서야 그런 놀라운 진리를 어찌 터득할 수 있었단 말인가? 이 척박한 땅에서…

CD
- 카레라스, 카나와, 번스타인 지휘 / *DG*
- 킴 크리스웰, 로드니 길프리, 쉬르머 지휘, 뮌헨 방송 교향악단 / *BR KLASSIK*
- 알렉산드라 실버, 샤이엔 잭슨, 틸슨 토머스 지휘, 샌프란시스코 심포니 오케스트라 / *Avie*

DVD
- 내털리 우드, 리차드 베이머, 제롬 로빈스 감독 / *20세기폭스*
- 웨스트 사이드 스토리(녹음 과정) / *유니버설픽쳐스*

'말러'이기에 더 고독한 상념

말러
대지의 노래

계절이 바뀔 때마다 빼놓지 않는 요청이 꼭 있다. 이 계절에 맞는 클래식을 소개해 달라는 것이다. 유난히 제목이 있는 음악이 많지 않은 클래식 음악의 특성상 이런 요청은 사실 매번 쉽지 않다. 특별히 제목이 그 계절에 맞게 붙어 있는 음악이라면 모르겠지만, 그마저도 듣기에 따라 제목과는 다른 느낌의 흐름일 수도 있으니 이래저래 고민 아닌 고민을 하게 되기 때문이다.

가을이다. 그것도 10월. 다행히 이즈음 어울리는 클래식 음악은 어렵지 않게 떠올려진다. 구스타프 말러의 『대지의 노래』이다. 한스 베트게가 독일어로 역편한 《중국의 피리》가 모티브가 된 『대지의 노래』는 모두 6곡으로 이루어진 작품으로, 1곡「현세의 고통에 대한 술 노래」, 2곡「가을의 고독한 사람」, 3곡「젊음에 대하여」, 4곡「아름다움에 관하여」, 5곡「봄에 취한 자」, 6곡「고별」로 이루어져 있다.

필자가 여기서 꼽는 것은 2곡 「가을의 고독한 사람」이다. 이 곡을 쓸 당시의 말러는 이상과 현실의 틈바구니에서 몸부림치며 덧없는 인생에 대한 회의와 그래도 그대로 뿌리칠 수만은 없는 현세에 대한 집착을 되씹고 있던 시기였다. 물론 유대인으로 태어나 차별과 억압을 전 생애를 통해 겪었고, 어린 시절부터 끊임없이 이어지는 형제, 자녀들의 죽음 등으로 밝음 보다는 그늘, 어두움이 더 많았던 말러이긴 했다. 그런 그가 한창 우울하고 또 우울하던 시기에 눈에 들어온 것이 탐미적인 정취와 동양적인 제행무상의 사상이 깊이 서린 중국 시였다.

사실 베트게의 《중국의 피리》는 한스 하인리만이 산문으로 번역한 것을 다시 시 형태로 옮겨 놓은 것이기 때문에 원작의 향기는 많이 감소하여 정확한 중국 느낌이라고는 하기 어렵다. 『대지의 노래』라는 제목 역시 흙, 토양, 현세, 세상이라는 뜻인 'Erde'를 볼 때 저승에 대한 이승, 즉 '현세'라는 뜻으로 보아야 하므로 '현세의 노래'라고 하는 것이 맞을 것이다. 영어 제목이 'The Song of The Earth'로 명명되는 것을 보면 더 확실히 이해가 갈 것이다.

「가을의 고독한 사람」은 제목대로 가을날 고독 속에 슬피 울면서 눈물을 말려줄 사랑의 태양을 기다리는 남자의 탄식을 노래하는 곡이다. 베트게는 원작자를 'Tschang-Tsi'로 표기하고 있는데 이것이 누구를 가리키는지는 확실치 않다. 당나라 시인 전기錢起로 보는 견해도 있긴 하지만 그의 시 가운데 이와 비슷한 것은 없는 것으로 전해진다. 하지만 고요히 물결치는 바이올린 선율 속에서 가을 석양 같은 오보에와 클라리넷의 선율, 찬찬히 관조하는 성악가의 낭송 같은 노래는 대단히 애틋하게 상념하고, 그것이 더할 나위 없이 쓸쓸하게 마음으로 휘감아 들어온다.

말러가 이 곡을 완성한 것은 1908년 봄 티롤의 토블라크라는 곳에서였는데 이 무렵은 그의 건강이 돌이킬 수 없이 나빠져 있는 상태인 데다가 심한 허무주의적 심경에 빠져 있던 시기였다. 아마도 그즈음 말러는 자신의 생의 불이 꺼져 가고 있음을 예감하고 있었던 듯하다. 「아름다움에 관하여」로 이름 붙은 4곡의 경우가 그것을 더 강하게 증명한다. 이태백의 시 〈채련곡采蓮曲〉에서 따온 내용으로, 여름날 연꽃을 따는 아가씨들에게 불량한 사내들이 말을 타고 와 휘날려 떨어진 낙화를 밟고 가버려 슬퍼하는 선율이다.

흥미로운 것은 이 곡이 가곡인가, 교향곡인가 하는 점이다. 솔리스트와 오케스트라가 함께 연주해야 하는 곡이기 때문이다. 이 부분에 대해선 음악사 속에 유명한 '9번 교향곡의 저주'를 들 수 있는데 베토벤이 9번 교향곡을 끝으로 세상을 떠난 후, 교향곡 9번을 쓰고 나면 죽음에 이른다는 속설이 오랫동안 작곡가들 사이에 있었다. 실제로 슈베르트, 브루크너 등도 아홉 곡의 교향곡을 끝으로 세상을 떠났고, 이에 후대 작곡가들은 어떻게든 9번째 교향곡이 되는 깃을 뛰어넘으려 애를 쓰는 경우가 많았다.

말러 또한 8번 교향곡 이후에 만들게 된 교향곡에 9번을 달기가 너무 싫었던 나머지 『대지의 노래』라는 제목을 다는 편법을 썼다고 한다. 하지만 그 뒤에 나온 교향곡에 그렇다고 해서 9번을 뛰어넘고 10번을 붙일 수는 없는 일이다. 결국 그는 9번을 붙여야 했고, 이후 10번을 작곡하던 중 세상을 떠났다. '9번 교향곡 징크스'의 승리였던 걸까?

이런저런 것을 다 꼽지 않더라도 9번이 될 뻔했던 『대지의 노래』, 그 중 「가을의 고독한 사람」은 제목 그대로의 상실과 고독이 쓸쓸하고 가슴을 휘감아 돈다. 시와 음악, 그야말로 '말러'이기에 가능한 만남일 것이다. 곧 다가올 내려놓음에 대해서도 진지하게 고찰하게 한다.

CD
• 페리어, 파차크, 발터 지휘, 빈 필하모닉 오케스트라 / *Decca*
• 루드비히, 분덜리히, 클렘페러 지휘, 뉴 필하모니아 오케스트라 / *Warner Classics*
• 루드비히, 콜로, 번스타인 지휘, 이스라엘 필하모닉 오케스트라 / *SONY CLASSICAL*
• 베이커, 킹, 하이팅크 지휘, 로열 콘세르헤보 오케스트라 / *Australian Eloquence*
• 칼리쉬, 예루살렘, 길렌 지휘, 남서독 방송 교향악단 / *Hanssler*

DVD
• 루드비히, 콜로, 번스타인 지휘, 빈 필하모닉 오케스트라 / *DG*
• 햄슨, 그로브스, 예르비 지휘, 스위스 로망드 관현악단 / *VAI*
• 케를, 마이어, 비슈코프 지휘, 서독일 쾰른 방송 관현악단 / *Medici Arts*

인생, 덧없음, 그러나 스페로-스페라!
베르디
라 트라비아타 중 '축배의 노래'

껄껄껄(좀 더 사랑할 걸, 좀 더 즐길 걸, 좀 더 베풀 걸), 통통통(의사소통, 운수대통, 만사형통), 오바마(오래오래 바라는 대로, 마음먹은 대로), 하쿠나마타타(Hakunamatata, 걱정 마 다 잘될 거야), 변사또(변치 말고 사랑하자, 또 사랑하자), 스페로-스페라(Spero-Spera, 숨을 쉬는 한 희망은 있다), 재건축(재미나고 건강하게 축복 받으며 살자).

무슨 얘기냐고? 요즘 모임에서 대세인 건배사란다. 태연히 폭탄주를 돌리는 기독교인 모임도 본 적이 있다. 콜라와 사이다를 적절히 배합한 '콜사 폭탄주'이긴 하지만… 송년, 신년을 위한 한 잔에서도 빼놓으면 섭섭할 참 재미있는 표현들이다.

젊은 귀족 알프레도를 사랑하게 된 비올레타라는 여성이 있다. 아름답지만 파리 상류 사회의 고급 매춘부였기 때문에 이들의 사랑은 허망하게 끝난다. 당시 비올레타와 같은 여성을 코르티잔(Courtesan, 특정 상류 사회 남성의 사교계 모임에 동반하며 그의 공인된 정부情婦 역할을 하던 여성으로, 기생이나 게이샤처럼 시작詩作과 가무歌舞에 능해야 했고, 시사적 지식과 교양을 갖춰 상류 사회 남성들의 대화 상대로도 손색이 없어야 했다.)이라 불렀다.

비올레타는 실제로 존재했던 인물로, 파리 사교계의 코르티잔 마리 뒤플레시가 그 주인공이다. 당시 파리 남성들의 가슴을 흔들어놓았던 뒤플레시가 스물셋의 꽃다운 나이로 폐결핵에 걸려 세상을 떠나자 그녀를 사모했던 알렉상드르 뒤마 2세가 쓴 《동백꽃 여인》의 주인공이다. 한 달의 25일은 흰 동백꽃, 나머지 5일은 붉은 동백꽃을 가슴에 꽂고 밤마다 파리의 5대 극장 중 특별석에 나타나는 고급 창녀 마르그리트와 귀족 청년 아르망의 비극적인 사랑 이야기이다.

이를 토대로 베르디가 『라 트라비아타』라는 오페라를 만들면서 탄생시킨 인물이 비올레타이다. 매춘부의 이야기를 좀더 우아하게 표현하고 싶었던 베르디는 《동백꽃 여인》의 제목을 '길을 벗어난 여인, 방황하는 여인'이라는 뜻의 '트라비아타'로 은유적 제목을 달았는데, 그런 뜻에 맞춘다고 일본인들이 동백 춘椿 자를 써서 『춘희』라 이름 짓는 바람에 한동안 우리에게도 『춘희』로 알려지기도 했다. 하지만 원작과 너무 동떨어진 느낌의 제목이라 지금은 사용하지 않는 게 관례이다.

오페라 속에선 그 마르그리트가 비올레타로, 아르망은 알프레도로 등장하는 이들이 파티에서 만나 한눈에 사랑에 빠져 파리로 사랑의 도피를 한다. 하지만, 동서고금을 통해 이러한 사랑이 축복을 받는 경우가 있었던가. 결국 알프레도의 아버지 제르몽의 반대로 헤어졌다가 마침내 폐결핵을 앓던 비올레타가 비탄에 빠진 알프레도의 품에서 세상을 떠나는 정통적인 비극이다.

물론, 결과는 차치하고라도 사랑에 빠진 비올레타와 알프레도의 시간들이 모조리 비극인 것은 아니었다. 파티에서 만난 두 사람은 사랑을 예감하며 그 사랑의 영속을 기원하는 축배를 든다. 사랑을 고백하고 찬미하는 알프레도와 그 사랑 앞에 가슴 설레는 비올레타의 마음을 담아 부르는「축배의 노래」는 그래서 명곡이 되었다. 물론 '인생 뭐 있나? 그저 덧없으니 즐기고 즐기자'라는 내용이긴 하지만 말이다. '비극'을 예감하는 축배이긴 하지만 그래도 그 순간만큼은 화려한 축배…. 그래서 이 곡은 오늘날 단순한 오페라 속의 아리아를 떠나 '축하', 또는 '기념'을 할 수 있는 모든 곳에서 연주된다.

사랑했지만 이루어질 수 없던 두 사람의 비극이 가슴 아팠던지 20세기의 감독 게리 마샬은 영화 〈귀여운 여인〉을 통해 해피 엔딩으로 이끌었다. 세계적 재벌인 영화 속 리처드 기어가 거리의 창녀로 분한 줄리아 로버츠를 이끌고 함께 한 오페라 관람, 영화 전편을 흐르는 선율, 그것이『라 트라비아티』였던 것이다. 흥미롭게도 오페라는 고색창연한 비극이었지만, 20세기의 영화는 해피 엔딩으로 막을 내린다. 오늘 당연히 불행해야 할 것 같은 여성도 거뜬히 그 장애물을 뛰어넘고 행복을 움켜쥔다는 설정, 매력 있다. '인생이란 이런 것이다.'라고 규정하는 엄숙주의자들을 마치 조롱하듯이…

앙코르 무대에서「축배의 노래」가 불리면 이제 마지막 노래라는 뜻이다. 더 이상 이보다 더한 노래가 있겠냐 하는 물음일 것이고, 그래서

곧 '아듀^{Adieu}'이고, 새로운 만남에 대한 기약인 것이다. 축배와 함께 아듀~ 지나간 생^生~, 축배와 함께 웰컴~ 새로운 생!

CD

- 알바네제, 피어스, 토스카니니 지휘, NBC 교향악단 / *RCA/SONY 1946*
- 코르투바스, 도밍고, 클라이버 지휘, 바이에른 국립 관현악단&합창단 / *DG 2007*
- 칼라스, 스테파노, 줄리니 지휘, 스칼라 극장 관현악단 & 합창단 / *EMI Classics 2009*
- 파바로티, 서덜랜드, 보닝 지휘, 내셔널 필하모닉 오케스트라 / *Decca 2012*

DVD

- 게오르규, 로파도, 레오 누치, 게오르그 솔티 지휘, 로열오페라 하우스 / *유니버설 2001*
- 네트렙코, 빌라존, 카를로 리치 지휘, 빈 필하모닉 오케스트라 / *유니버설 2006*
- 게오르규, 바르가스, 마젤 지휘, 밀라노스칼라극장 관현악단 / *ARTHAUS AULOS 2007*
- 나탈리 드세이, 테지에르, 루이스 랑그리 지휘, 런던 심포니 오케스트라 / *Emi 2012*

이 또한 지나가기를 간구하오니….

슈베르트
아베 마리아

19세기 최고의 역사 소설가였던 스코틀랜드의 월터 스콧 경은 괴테를 비롯한 프랑스 낭만주의자들이 살아 있는 가장 위대한 문호 중 한 사람으로 꼽기를 주저하지 않았던 인물이다. 특히 그의 대표작인 서시시《호수의 여인》은 많은 예술가들에게 영감을 주었는데, 음악 부분에선 슈베르트와 로시니가 각각 영향을 받았다.

로시니는 동명의 오페라를 작곡했고, 슈베르트는 그중 여섯 번째 시 〈엘렌의 노래〉에 주목했다. 아버지와 함께 추방된 소녀 엘렌이 호숫가 바위 위의 성모상 앞에 무릎을 꿇고 앉아 자신과 아버지에게 평화로운 잠을 내려 달라고 기도하는 내용인데, 이를 1825년 당시 28세이던 슈베르트가 불후의 걸작 「아베 마리아」로 탄생시켰다.

마치 고요한 호수의 물결을 묘사하는 것 같은 피아노 선율의 펼쳐짐과 함께 경건하면서도 간절히 불리는 이 노래는 많은 이들에게 감명을 주며 오늘날 사랑받고 있다. 또한 독일의 바이올리니스트 아우구스트 빌헬미가 바이올린 곡으로, 또 낭만주의 피아니스트 프란츠 리스트가 피아노곡으로 편곡해 연주하는 것으로도 이어졌다. 간절한 소망의 멜로디가 그만큼 사람의 마음을 움직이기 때문일 것이다. 기도와 위안이 필요할 때도 말이다.

「아베 마리아」는 천주교에서 성모 마리아를 기리며 마리아에게 전구(傳求, 대신 빌어줌)를 간청하는 의미를 담고 있는 성모송이다. 하지만 슈베르트는 원작도 그러하지만 자신의 「아베 마리아」를 성모 마리아에게 드리는 '기도 이상의 간구 노래'로 정리했다. 그 결과, 이후의 「아베 마리아」는 종교적인 기도를 초월한 사람들 속 기원의 노래가 되었다.

1972년 10월 13일 금요일 우루과이 대학의 럭비팀 선수들을 태우고 칠레로 향하던 비행기가 안데스산맥에 추락한다. 비행기 동체는 두 동강 나고, 가까스로 살아남은 사람들은 영하 40도를 넘나드는 험난한 안데스산맥의 추위와 굶주림에 시달린다. 실화를 바탕으로 한 프랭크 마샬 감독의 1993년작 〈얼라이브〉의 내용이다. 끔찍한 사투 끝에 극적으로 구조된 이들을 보여주며 영화는 끝나고 '안데스에서 죽은 29명의 승객과 살아남은 16명에게 이 영화를 헌정한다.'는 자막과 함께 잔잔히 흐르던 노래가 「아베 마리아」이다.

2006년 파리 샤틀레 극장에서 초청 동창회를 준비 중이던 소프라노 조수미는 갑작스러운 부친의 부고를 받는다. 공연을 취소하고 귀국하려는 그녀를 어머니가 말렸고, 슬픔을 참으며 무대에 오른 조수미는 공연을 무사히 마친 후 앙코르 때 관객들에게 이 이야기를 털어놓고 하늘로 가신 아버지께 바치는 곡이라며 「아베 마리아」를 불렀다. 눈물을 흘리는 그녀에게 관객들은 따뜻한 기립 박수로 위로를 보냈다. 이 공연은 이후 '아버지를 위하여'라는 제목의 DVD로도 출시되었다.

노래하는 신부님들로 유명한 북아일랜드의 유진 오하간, 마틴 오하간, 데이비드 딜러지 신부님들도 이 노래를 불렀다. '더 프리스츠The Priests'로 불리는 이들은 교황의 허락을 받고 음반을 내고 공연을 하고 있으며, SonyBMG가 100만 파운드(22억원)라는 기액에 미사 음빈 계약을 체결한 최초의 신부들이기도 하다. 상업적인 목적이 아니라 복음을 전하기 위해 노래를 하고 있다고 설명하는 이들의 앨범과 공연 수익금은 어려운 사람들을 위해 기탁되고 있다. 이들이 한 언론 인터뷰에서 자신들의 노래가 주는 의미를 이렇게 설명하고 있다.

가슴에서 우러나오는 노래는 어려움을 겪는 사람들에게 감동을 준다. 또 그 노래들은 우리가 어려웠을 때 우리에게도 위안을 주었다. 결국 모두가 공감하며 위안 받을 수 있다는 것이 노래의 힘이다.

할 수 있는 것이 기도밖에 없을 때 우리는 참담하다. 3년 여간 코로나를 겪으며 그러했다. 하루빨리 이 혼란이 진정되고 평화가 깃들기를 바랐던 간절함 속에 많은 이들이 '이 또한 지나가리라. 아베 마리아'를 기원했다. 그리고 이제 그 긴 고통에서 벗어나고 있다. 그 힘든 시간 속에서 최선을 다해 싸웠던 많은 이들에게 치유와 위로, 새로운 희망의 은혜가 있기를! 아베 마리아!

p.s. 감상을 원한다면

CD
- 바바라 보니: Best / *워너뮤직*
- 안네 소피 폰 오터: 슈베르트 가곡집 / *Deutsche Grammophon*
- 비토리오 그리골로: 아베 마리아 / *SonyMusic*
- 바바라 헨드릭스: 슈베르트 아베마리아 / *Arte Verum*
- 조수미 – With Love / *워너뮤직*
- 안드레아 보첼리 – 센트럴 파크 공연 실황 / *Decca*
- 빈소년합창단 / *Capriccio*

DVD
- 조수미: 파리 공연 2006 오 사랑하는 나의 아버지 / *아인스엠앤엠*
- 더 프리스트: In Concert At Armagh Cathedral / *소니비엠지뮤직*

6장

클래식을 사랑하는 당신에게

가정, 가족, 즐거운 우리들의 시간

헨리 비숍 - 즐거운 나의 집 / 리하르트 슈트라우스 - 가정 교향곡 /

바흐 - 커피 칸타타 / 드보르자크 - 신세계 교향곡 / 뒤카 - 환타지아와 마법사의 제자

언제든 돌아갈 수 있는 소중한 곳

헨리 비숍
즐거운 나의 집

1990년 12월 31일, 한 해의 마지막 날인 이날은 여느 때 보다 많은 관객들이 런던 코벤트 가든 로열 오페라 하우스에 몰려들었다. 송년 콘서트라는 점도 있겠지만 특별히 이날 관객들은 면면이 다른 날보다 유난했다. 런던의 주요 인사들은 다 한자리에 모인 듯했다. 존 네이저 총리 부부의 모습도 보였다. 이날 공연은 요한 슈트라우스 2세의 오페레타 『박쥐』이다. 송년 공연으로 무대에 많이 오르는 작품이고, 또한 마침 세밑^{歲밑}이었으니 그럴 만한 일이긴 하지만 그래도 너무 눈길을 끄는 관객들이었다. 이 남달랐던 광경은 공연이 진행되면서 이해가 되었다.

요한 슈트라우스 2세의 『박쥐』가 주로 송년에 연주되는 이유는 여러 가지가 있다. 깊은 생각이 필요 없는 유쾌한 스토리, 풍자와 유머가 돋보이는 대사들과 아리아, 또 언제 들어도 흥겹게 아름다운 요한 슈트라우스의 왈츠 선율들이 한 해를 기분 좋게 마무리하기에 적격이기 때문이다. 또, 이 작품이 특별한 것은 무대 속 또 하나의 공연이 펼쳐진다는 점이다. 귀족들의 파티 장면인데, 연출자가 어떻게 꾸미느냐에 따라 관객들은 운이 좋을 경우 한자리에서 두 개의 공연을 보는 호사를 누릴 수 있기 때문이다.

드디어 이날의 수수께끼가 풀렸다. 이날 공연에서의 파티 장면에 등장한 가수 때문이었다. 존 서덜랜드는 칼라스를 잇는 최고의 콜로라투라 소프라노로, 일찍이 예후디 메뉴인이 '내가 이 세상에서 들은 가장 아름다운 목소리'로 극찬했던 오페라 가수이다. 조국 오스트레일리아에서 최고 훈장을 받았고, 활동의 절반 이상이 되었던 영국에선 Dame(남자의 Sir에 해당) 작위를 서훈받을 정도로 아낌을 받았으며, 마리아 칼라스를 '라 디비나(La Divina, 음악의 여신)'라고 불렀던 이탈리아 애호가들로부터 '라 스투펜다(La Stupenda, 경이로운 가수)'라는 애칭으로 불렸던 그녀가 등장한 것이다. 그리고 이날 무대는 그녀의 은퇴를 알리는 고별 무대였다. 그것이 이날 런던의 내로라하는 인사들이 한자리에 모인 이유이다.

평생의 음악 지기^{知己}였던 루치아노 파바로티와 마릴린 혼과 함께 무대에 선 서덜랜드가 이들과의 이중창 후 마지막으로 선택한 곡이 의외였다. 그녀의 한평생을 함께 한 오페라 아리아가 마지막 곡일 것이라 생각했던 관객들에게 서덜랜드가 선사한 곡은 헨리 비숍의 「즐거운 나의 집」이었다.

즐거운 곳에서는 날 오라 하여도
내 쉴 곳은 작은 집 내 집뿐이리
내 나라 내 기쁨 길이 쉴 곳도
꽃 피고 새 우는 집 내 집뿐이리
오-사랑 나의 집
즐거운 나의 벗 집 내 집뿐이리

1823년 미국의 극작가이자 배우인 존 하워드 페인의 가사에 맞추어 영국인 음악가 헨리 비숍이 작곡한 「즐거운 나의 집」은 오페라 『클라리, 밀라노의 아가씨』에서 불리워진 뒤 세계적으로 유명해 졌다. 특히 미국의 대통령 에이브러햄 링컨과 그의 부인이 특히 좋아했던 곡으로 전해지며, 남북 전쟁 때 남군, 북군 할 것 없이 널리 불려지며 전쟁 속 향수를 달랬던 곡으로도 유명하다.

1862년에는 오페라 가수 아델리나 파티가 대통령으로부터 초청되어 백악관에서 부르기도 했고, 1939년작 영화 〈오즈의 마법사〉, 1944년작 영화 〈비소와 낡은 레이스〉, 1982년작 영화 〈아미티빌의 저주〉, 그리고 일본의 1988년작 애니메이션 영화 〈반딧불의 묘〉 등이 대표적인 작품들이다. 우리나라에서는 이 노래를 김재인이 한국어로 번안하면서 「즐거운 나의 집」이란 제목까지 붙여 애창되었다. 화려한 오페라 아리아는 아니었지만 서덜랜드의 「즐거운 나의 집」은 이날 함께 했던 영국의 관객들에게 깊은 감동을 주었다. 오스트레일리아인이기도 했지만 영국이 자랑하는 소프라노이기도 했던 그녀가 바로 그 영국 코벤트 가든 무대와 영국을 'Home'으로 노래하고, 이 '자신의 집'에서 오페라 가수로서의 마지막 인사를 한 것이다. 그리고, 이 모습은 그녀의 은퇴 무대를 아쉬움 속에 지켜본 전 세계 팬들에게도 오래 기억될 '라 스투펜다'의 따뜻했던 작별로 남았다.

「즐거운 나의 집」은 그 어느 때 보다 가정의 소중함을 되새기게 하는 요즈음이다. 엄마와 아빠, 자녀가 함께 웃음꽃을 피우는 가정만큼 아름다운 것이 또 있을까? 그렇게 저마다의 보금자리가 따뜻하게 존재하고, 언제든 돌아갈 수 있는 곳으로 존재하며, 편안한 휴식을 누릴 수 있는 가정들이 각각 자리 잡고 있는 사회는 안전하고 평화로울 것이다.

CD
· 존 서덜랜드 - 홈 스위트 홈: 보닝 지휘, 뉴 필하모니아 오케스트라 / *Decca*
· 로저 와그너 합창단 - Home, Sweet Home / *EMI*

DVD
· 박쥐: 주디스 하워드, 낸시 구스타프슨, 보닝 지휘, 로열 오페라 하우스 오케스트라 / *Eins M&M*

신기하고 색다른 제목을 쓴 교향곡

리하르트 슈트라우스
가정 교향곡

교향곡이라고 하면 가장 먼저 우리가 떠올리는 것은 '주제의 무게감'일 것이다. 인간에 대하여 또는 신에 대하여 삶과 죽음, 어떻게 살 것인가? 등 베토벤, 브람스, 차이콥스키, 말러 등의 이름이 이어질 것이다. 그런데 이러한 거창한 주제들에 반해 참으로 평이한 것을 교향곡에 도입한 작곡가가 있다. 독일의 작곡가 리하르트 슈트라우스이다. 1902년 슈드라우스는 뮤지컬 타임즈의 기자에게 새롭게 구상하고 있는 작품에 관해 얘기한다. "이번 새로운 작품은 나의 가정생활 중 하루를 보여주게 될 것이다. 서정적이면서 재치가 넘치는 삼중 푸가로, 아빠와 엄마라는 세 가지 주제가 중심이다." 작곡가 자신의 말 그대로 '가정'이 주제, 소재가 된 최초의 『가정 교향곡 op.53』은 이렇게 탄생하였다.

대개의 클래식 작품들은 제목이 붙어 있는 경우가 많지 않다. 그것도 작곡가 자신이 붙인 것보다는 후세 사람들에 의해 붙여진 것으로, 애초에 작곡가의 의도와는 무관한 경우도 있을 수 있다. 슈트라우스는 작품 번호 53번으로 출판된 자신의 새로운 작품이 이러한 상황이 될 것을 방지하기 위해 확실히 『가정 교향곡』이라고 제목을 붙였고, 덧붙여 '사랑하는 아내와 아들에게'라는 부제까지도 정확하게 표기해 자신이 '무엇'을 그렸는지 깔끔하게 정리했다.

1903년 겨울에 작곡이 마무리된 『가정 교향곡』은 이듬해인 1904년 뉴욕의 카네기 홀에서 초연되었다. 슈트라우스 자신의 지휘였다. 세상의 모든 것을, 식사와 자는 것 같은 다분히 일상적인 일조차도 음악적으로 표현이 가능하다고 호언해 왔던 슈트라우스의 꿈이 이루어진 순간이었다. 슈트라우스 자신과 아내 폴린, 그리고 아들 부비의 이야기이기도 했던 『가정 교향곡』은 부부 생활이나 가족들 사이의 대립, 혹은 어린 아들의 목욕 시간과 같은 가족의 이야기가 마치 그리듯이 펼쳐진다. 특히, 바흐 이후 관현악 작품에 그다지 사용되지 않았던 오보에 다모레(Oboe d'amore, 오보에 족 중에서 표준 오보에와 잉글리시 호른의 중간 크기의 악기)라는 악기의 애처로운 음색으로 아들 부비를 묘사한 부분은 그 자체만으로도 이색적이었다.

가장이기도 했던 그가 자신이 가정적이고 행복한 인간이었다는 사실을 입증해 보이고 싶었던 것 같다. 수많은 이들의 마음을 움직이는 예술가가 행복한 가장이기도 한 경우는 의외로 흔치 않다는 것을 우리는 잘 알고 있다. 슈트라우스가 그런 '드문 점'을 굳이 세상에 드러내고자 한 것은 그를 평가하고 있는 세상에 대한 자기표현이었을 것이다.

독일 패망 시 나치에게 협력했다는 이유로 오랫동안 활동이 금지되기도 했던 슈트라우스가 무죄를 선고받은 것은 84세 생일날이었다. 게다가 '아주 신경질적이고 고집이 세며, 불친절하나 지칠 줄 모르는 열정가'라는 '긍정 같은 비난'이 늘 따라다녔다. 그런 그가 스스로와 아내, 자식의 모습을 따뜻하게 그린 『가정 교향곡』은 그가 어떤 인물이었는지를 보게 하는 대목이다.

일단 음악을 보자. 시작부는 어느 3인 가족으로 출발한다. 테마 1에서는 아버지, 테마 2에서는 부인, 테마 3에서는 아이들을 차례로 그려간다. 투명하고 순진하게 아이들의 놀이와 즐거움을 그린 스케르초, 영감을 받아 작곡에 열중하는 슈트라우스 자신의 모습을 그린 아다지오, 그러나 곧 잠자리로 갈 시간(자장가), 이어 유명한 부부의 잠자리 묘사 장면으로 발전되는데 이 부분은 바그너의 『탄호이저』에 비교될 만한 흥분의 도가니 상태로 폭발한다. 로맨틱하고 육감적이게 부부의 '인류의 번영을 위한 봉사'가 진행된 밤 시간에 이어, 아침이 되면 찰나에 산불처럼 번지는 부부의 소소한 다툼이 따뜻하게, 또는 평온하며 유쾌하게 펼쳐진다.

당시 슈트라우스의 친구이자 프랑스 작가인 로망 롤랑은 이 작품에서 인상주의적인 냄새가 풍기는 꿈을 묘사한 부분과 2성 푸가로 그려진 싸움 장면, 그리고 행복감이 물씬 느껴지는 엔딩을 느낄 수 있었다고 말했다.

롤랑의 평이 아니더라도 당시 맨해튼의 언론들이 이 놀라운 '수작^{秀作}'을 알아보았다. 가정^{Home}의 중요성, 그것이 주는 힘을 언급한 작곡가가 그동안 어디 있었나? 신선하기도 했지만, '이러한 것을 왜 이제 느끼게 한 것일까?' 하며 관객들 역시 열광했다. 이에 대해 영국의 비평가 어네스트 뉴만은 슈트라우스의 걸작『자라투스트라는 이렇게 말했다』를 들어 비교했다. 즉, 초인을 묘사하는『자라투스트라는 이렇게 말했다』와 같은 기묘한 종류의 음악에 너무나 혼란스러웠던 청중들이『가정 교향곡』을 통해 아기가 언제 목욕통 속에서 울어대는지, 언제 자장가를 불러주는지를 금방 알아챌 수 있게 된 것이다. 사람들은 이 끔찍한 음악가가 이제 자신과 같은 부류의 사람이라는 동질감을 가지게 된 것이라는 것이다.

결과적으로 슈트라우스의『가정 교향곡』은『돈 후안』,『돈키호테』, 『틸 오일렌슈피겔의 유쾌한 장난』등과 함께 그의 주요 레퍼토리가 되었으며, 그가 20세기의 전환기를 대표하는 작곡가로 정리되는 데 일조를 했다. 흥미로운 것은 슈트라우스가『가정 교향곡』에 이어 작곡한『알프스 교향곡』이후 다시는 표제 교향곡을 쓰지 않았다는 점이다. 이후 그가 몰두한 것은『장미의 기사』,『엘렉트라』,『살로메』, 『낙소스섬의 아리아드네』와 같은 오페라 작품이었다. 이에 대해 슈트라우스가 '표제 음악'에 대해 이별을 한 것이라는 설도 있는데, 정확한 진실이라고는 볼 수 없다. 그보다는 베를리오즈와 리스트의 시적詩的 음악 표현을 가장 완전하게 꽃피운 음악가로 정리되는 것이 음악계의 평가이다.

가정의 소중함, 일상의 소소한 행복이 주는 힘, 우리가 살고 있는 21세기는 그 어느 때보다도 이 화두話頭에 대해 깊이 침잠하여야 할 것이다. 슈트라우스의 음악은 그것을 일깨워준다.

CD
- 프리츠 라이너 지휘, 시카고 심포니 오케스트라 / *RCA*
- 블라디미르 아슈케나지 지휘, 체코 필하모닉 오케스트라 / *Pony·Canyon*
- 헤르베르트 폰 카라얀 지휘, 베를린 필하모닉 오케스트라 / *EMI*
- 푸르트뱅글러 지휘, 베를린 필하모닉 오케스트라 / *Russian Compact Disc*

아버지와 딸을 대립시킨 요물(?) 이야기

바흐
커피 칸타타

1시간 분량의 녹음을 3회나 연속해야 하는 만만치 않은 일정의 날이었다. 2회분의 녹음까지 무사히 마치자 진행을 맡은 아나운서와 나는 동시에 스튜디오 문을 박차고 나와 외쳤다. '커피!!' 그날 두 사람은 갸륵한 커피 덕분에 다시 힘을 내 나머지 방송을 잘 마칠 수 있었다.

공연이나 강연을 앞두고 커피를 꼭 마셔야 하는 습관도 필자의 나쁜 버릇 중 하나이다. 하지만, 그 흔한 커피 자판기 하나 없는 소도시의 공연장에서 당황했던 경험도 있는 덕분에 필자의 가방에는 늘 커피믹스 몇 봉이 필수 품목으로 자리잡고 있다. 최근엔 블랙 커피도 일회용으로 나와 있어서 여간 고마운 게 아니다. 이만하면 커피 중독이라 할 수 있으려나. 하지만 필자 외에도 너무나 많은 이들에게 커피는 이제 떨어뜨려 놓기 어려운 존재가 되었다.

지금으로부터 몇 세기를 거슬러 올라가서도 커피는 사람들을 휘어잡는 요물이었던 모양이다. '음악의 아버지'라 불리는 요한 제바스티안 바흐도 커피 때문에 딸과 실랑이를 벌일 정도였으니 말이다. 1500년대에 독일에 들어온 커피는 1680년경 함부르크에 첫 번째 커피 하우스의 문을 연 후, 독일 전역으로 빠르게 확산되었고 많은 이들이 커피를 즐겼다.

바흐의 딸도 그러한 커피에 푸욱 빠져 있어서, 딸의 건강을 걱정한 아버지 바흐가 커피를 계속 마시면 시집 보내지 않겠다고 으름장을 놓는다. 이에 아버지보다 한 수 위인 딸은 아버지의 부탁을 들어주는 척하고 커피를 마시지 않겠다고 약속한 후, 혼인 서약서에 '커피를 마음대로 마시게 할 것'이라는 내용을 몰래 집어넣고 결혼과 커피를 한꺼번에 거머쥔다.

바흐는 이러한 딸과의 커피 전쟁을 일종의 미니 오페라 스타일로 정리했는데, 그것이 바로 그의 '세속 칸타타' 중 하나인 『커피 칸타타 BWV211』이다. 자식을 키우는 아버지라면 누구나 공감할 딸과의 티격태격함이 시간을 초월해 확 다가오고, 거장에게도 이런 고민이 있었나 싶어 흥미롭기도 한 작품이다.

아버지(베이스)와 딸(소프라노), 내레이터(테너) 3명이 나오는 『커피 칸타타』는 모두 10곡으로 구성되었고, 『마태 수난곡』의 작사가로도 잘 알려져 있는 '피칸더'라는 필명을 쓰는 헨리키가 맡았다. '커피는 수천 번의 키스보다 달콤하고 와인보다 부드럽다'는 커피 중독의 딸이 부르는 노래를 들으며 아버지는 「애 낳아봐야 소용없다니까」라고 탄식한다. 말 안 듣는 딸 때문에, 고생 많은 아버지의 신세타령은 이어져서 「이 말썽꾸러기 아이야」가 이어지고, 딸은 아랑곳하지 않고 「커피는 어쩜 그렇게 맛있을까」를 읊조리는 내용이 이어진다.

특히 커피 향을 묘사한 플루트 선율이 인상적이고, 딸에게 커피를 마시지 말라는 권위적인 느낌과 동시에, 딸과 언쟁을 벌이는 부분에선 코믹한 아버지로, 이러한 아버지에 대항하는 딸은 '커피를 계속 마시게 해 달라'고 간청을 하는가 하면 애교와 위트로 말대꾸를 하며 대항한다. 급기야 아버지는 '커피를 계속 마시면 산책을 금지하겠다'든지 '스커트를 사주지 않겠다' 등 장난스럽게 협박을 하다가 약혼자와 결혼을 시키지 않겠다는 초강수를 두기에 이른다. 이 일촉즉발의 부녀 사이를 코믹하게 내레이터가 추임새 역할을 하며 감칠맛을 살린다.

바흐는 이 코믹한 칸타타를 통하여 커피에 대한 당시의 반응을 음악적으로 표현해 주고 있는데, 특히 보수적인 구세대를 상징하는 아버지와, 명랑하고 개방적인 젊은 세대를 대표하는 딸을 통하여 세대 간의 차이점을 잘 대비시켜 주고 있다. 아버지의 이름인 '쉬렌드리안 Schlendrian'이 '구식, 형식주의, 보수주의' 등을 나타내는 말인 것은 우연이 아닌 것이다. 이러한 보수적이고 답답한 성격을 강조하기 위해 바소-콘티누오(Basso-continuo, 저음을 고정시키고 위에서 화성으로 반주하는 오르간 연주법. 통주저음(通奏低音))의 반주에 악센트를 주고, 딸의 아리아에서는 현란한 플루트의 장식음을 더해 커피 향이 올라가는 모습을 표현한 것은 '역시 바흐다!'라는 감탄을 하게 한다.

바흐 부녀뿐만 아니라 당시 라이프치히에서 커피를 마시는 것이 대유행이었다고 한다. 각 가정마다 커피를 즐기는 것은 물론, 시내의 여러 커피 하우스들은 커피와 담소를 즐기려는 사람들로 대성황을 이룰 정도였다고 하니 그 시절에도 커피는 '절대 강자'였던 것이다. 커피 하우스가 사람들의 사교장 역할을 하다 보니 때로는 커피 하우스에서 소규모 공연이 이루어지기도 했는데, 이러한 공연을 목적으로 작곡된 것이 바흐의『커피 칸타타』이다.

라이프치히 치머만의 커피 하우스에서 바흐가 이끄는 콜레기움 무지쿰의 공연으로 소개되면서 큰 인기를 끌게 되었는데, 실내 칸타타의 극적인 특성을 잘 보여주는 작품이다. 바흐는 오페라를 작곡하지 않았지만『커피 칸타타』를 듣고 있으면 그가 오페라를 남기지 않은 것이 심히 안타까울 정도이다.

바흐가 커피를 즐기는 딸의 건강을 걱정했듯이 한동안 건강을 해치는 음료로 지목되었던 커피가 최근엔 건강에도 좋은 점이 많다고 해서 다행이다. 오늘 아침 커피 때문에 필자도 딸과 실랑이를 했기 때문이다. 자못 오래 가는 감기의 원인을 필자의 커피 사랑이 문제라며 커피 제한을 딸이 선고한 것이다. 이에 대해 수십 가지의 사항들을 근거로 내세우며 격렬히 저항한 끝에 겨우 한 잔의 커피를 사수할 수 있었다. 그리고, 지금 또 한 잔의 커피가 놓여 있으니 더 바랄 것이 없다. 세상 뭐 있겠는가? 지금 이 순간 행복한데 말이다.

CD

- 엠마 커크비, 크리스토퍼 호그우드, 아카데미 오브 앤션트 뮤직 / *L'Oiseau-Lyre*
- 에디트 마티스, 테오 아담, 페터 슈라이어, 캄머오케스터 베를린 / *Berlin Classics*
- 바라디, 피셔 – 디스카우, 네빌 마리너, 아카데미 오브 세인트 마틴 인 더 필즈 / *Decca*
- 안느 그림, 톤 쿠프만, 암스테르담 바로크 오케스트라와 코러스 / *Challenge Records.*
- 헬무트 릴링, 슈투트가르트 바흐-콜레기움 / *Hanssler*

DVD

- 슈라이어, 로베르트 홀, 아르농쿠르, 콘첸투스 무지쿠스 / *DG*

타향의 대지 위에서 고향을 생각한 거장의 최후의 역작

드보르자크
신세계 교향곡

한 기업체의 강의에서이다. 클래식 음악이 나오는 영화나 드라마 등을 얘기해 보자는 제의에 한 젊은 청년 사원이 '죠스!'를 외쳤다. 웬 죠스? 하면서 우리는 모두 유쾌하게 웃었다. 드보르자크『교향곡 9번』얘기구나. 4악장 테마. 스필버그 감독의 1975년작 영화〈죠스〉에서 상어가 출몰할 때마다 강하게 울리던 테마가 드보르자크의 『교향곡 9번』 4악장 테미와 흡사한 느낌이기 때문일 것이디.

안톤 드보르자크의 마지막 교향곡인『교향곡 9번 op.95』를 들을 때마다 떠오르는 생각은 또 있다. 한 백화점에서였는데, 매 오픈 시 울리는 종소리가『교향곡 9번』의 2악장 테마 선율이라는 것이다. 〈죠스〉의 4악장 테마가 '빰빠 빰빠 빠밤빠밤~' 하는 가슴을 뛰게 하는 웅장한 테마라면, 2악장의 테마는 잉글리쉬 호른의 애잔한 선율이기 때문이다. 영업을 시작하는 오픈에 4악장의 힘찬 테마라면 몰라도 '왜 2악장 종소리인가'라는 생각이 매번 대할 때마다 들기 때문이다.

체코 출신의 드보르자크는 오늘날 체코인들이 '국민 음악가'로 추앙하는 작곡가이다. 우리나라 못지않게 험난하고 사연 많은 아픈 역사를 가진 조국 체코를 누구보다 사랑한 작곡가였고, 덕분에 보헤미안 느낌이 물씬한 체코의 음악이 세상이 사랑하는 음악이 되는 데 큰 몫을 담당한 존재이기 때문이다. 그런 드보르자크가 1891년에 새로운 세상에 발을 디디게 된다. 그해는 드보르자크가 프라하 음악원의 작곡과 교수로 임명된 해였는데, 같은 해 미국에서 음악원 원장 제의를 받게 된다. 열렬한 음악 애호가이자 아마추어 피아니스트였던 자넷 서버라는 여성의 제안이었다. 부유한 사업가의 아내였던 그녀는 척박하기 그지없는 미국의 음악계를 개혁할 젊은 음악가들을 양성할 목적으로 뉴욕에 음악원을 설립했다. 그리고 그 원장 자리를 맡을 적임자로 유럽뿐만 아니라 미국까지 명성이 퍼져 있었던 드보르자크를 낙점했던 것이다.

물론 망설임이 없었던 건 아니다. 프라하 음악원 교수가 된 지 얼마 되지 않은 시점이었고, 타국에서의 새로운 생활에 대한 두려움도 있었을 것이다. 하지만, 창작 및 연주 활동의 자유가 보장된다는 조건과, 새로운 세상에 대한 도전 의식으로 미국행을 결정하게 된다. 재미있는 것은 이러한 결정 이면에 드보르자크의 철도 사랑이 있었다는 것이다. 자타가 공인하는 철도 마니아였던 그는 미국의 기차와 방대한 철도 시스템을 눈으로 직접 보고 싶었던 욕심도 큰 역할을 했다고 한다.

1년 후 1892년, 가족과 함께 미국에 도착한 그가 본 것은 그야말로 놀라운 '신세계'였다. 유럽의 한 작은 나라 체코에서 온 작곡가의 눈에 광활한 신대륙의 모든 것이 신선한 충격 그 자체였고, 그 감동의 한가운데서 나온 것이 『교향곡 9번』인 것이다. 드보르자크 자신도 '미국을 보지 않았더라면 이런 교향곡을 쓸 수 없었을 것'이라 인정했을 만큼 미국의 광활한 자연과 대도시의 활기가 전곡 내내 가득차 흐른다.

일면에는 이 놀라운 신대륙 한복판에서 작곡가의 마음 한쪽에 떠오른 것이 있었다. 두고 온 자신의 '작은 나라 조국', 고향 같은 것들 말이다. 그 향수를 엄청난 기개와 환희의 선율 속에 드보르자크는 살짝 심는다. 그것이 2악장이다. 잉글리시 호른이 아련하게 가슴을 흔들며 연주하는 2악장이 시작되면 신대륙의 패기와 열정에 취해 있던 이들은 너나 할 것 없이 이 작곡가가 어디로부터 왔던가를 생각하게 된다. 초연 당시 많은 이들이 눈물을 흘렸다고 전해지는 이 선율 때문에 우리나라에서는 「꿈속의 고향」으로 번안된 「Going Home」이라는 제목의 노래로 만들어지기도 했다. 고향, 조국이라면 비슷한 아픔과 그리움이 있는 우리나라 사람들이 특히 이 2악장을 사랑하는 이유이고, 심지어 2악장의 느낌으로 『교향곡 9번』을 기억하는 이들도 적지 않은 것은 그래서이다.

하지만, 2악장을 제외한 나머지는 그대로가 신대륙, 미국의 노래이다. 이방인의 작품임에도 불구하고 자국의 음악적 상징으로 미국인들이 여기는 까닭이고, 2008년 로린 마젤이 최초로 평양을 방문한 뉴욕 필하모닉 오케스트라의 공연에서 드보르자크의 이 곡이 포함된 것도 아마 같은 맥락일 것이다.

하지만 고향에 대한 느낌 때문인지 우리나라 사람들은『교향곡 9번』의 1, 3, 4악장보다는 2악장을 더 좋아하는 듯하다. 그만큼 우리에겐 더 가까운 정서일까. 잉글리쉬 호른의 선율은 언제 들어도 감동적이다. 그런데, 왜 이 선율이 그 백화점은 오프닝 종일까? 'New World'라는 부제 때문일까? 그래도 잘 모르겠다.

CD
- 바츨라프 노이만 지휘, 체코 필하모닉오케스트라 / *Supraphon*
- 카라얀 지휘, 빈 필하모닉 오케스트라 / *DG*
- 콘스탄틴 실베스트리 지휘, 프랑스 국립방송관현악단 / *BELLE AME*
- 이스트반 케르테스 지휘, 런던 심포니오케스트라 / *Decca*
- 아바도 지휘, 베를린 필하모닉 오케스트라 / *DG*
- 쿠벨릭 지휘, 베를린 필하모닉 오케스트라 / *DG*
- 이반 피셔 지휘, 부다페스트 페스티발 오케스트라 / *Channel Classics*

DVD
- 카라얀 지휘, 비엔나 심포니 오케스트라 / *C Major*
- 카를 뵘 지휘, 비엔나 심포니 오케스트라 / *euroarts*
- 아바도 지휘, 베를린 필하모닉 오케스트라 / *Medici Arts*
- 노이만 지휘, 체코 필하모닉 오케스트라 / *Arthaus Musik*

뽀로로보다 한 수 위인 예술 애니메이션

뒤카
환타지아와 마법사의 제자

연주회장에서 휴대 전화가 울리는 것만큼 연주자와 관객을 당혹스럽게 하는 일이 또 있을까? 한참 연주에 몰입하던 연주자와 관객은 갑작스레 찬물을 확 뒤집어쓴 기분이 된다. 흐름을 끊긴 연주자의 입장이 어떠하리라는 것은 말할 것도 없을 것이다. 요즘은 많이 좋아져서 공연장에서 휴대 전화가 울리는 것은 많이 줄었지만, 이번에는 객석 중간 중간에서 번쩍거리는 휴대 전화 불빛이 문제이다. 자꾸 휴대 전화를 열어보는 관객들 때문이다. 본인은 설마 하겠지만 어두운 객석에서 휴대 전화 하나의 불빛이 주는 거슬림은 적지 않은 방해이다.

얼마 전 공연 중에도 그런 일이 있었다. 앞자리 쪽에서 휴대 전화 불빛이 영 사라지지 않는 것이다. 대체 얼마나 급한 일이기에 하는 짜증이 날 정도였는데 알고 보니 그 사정을 알 만했다. 초등학교

저학년 정도 되는 자녀를 데리고 온 부모가 공연 내내 몸부림치는(?) 아이를 위해 택한 특단의 조치였던 것이다. 계속되던 휴대 전화 불빛은 아이에게 휴대 전화 속 무언가를 보게 한 것이고, 덕분에 아이의 집중을 끌어낸 휴대 전화 속에선 그 유명하다는 아이들의 '소통령' 뽀로로가 신나게 뛰어다니고 있었던 것이다. 이해가 가기도 하고, 왜 아직 연주를 즐기지 못할 아이를 데려와 여러 사람에게 방해가 되는 걸까 하는 생각과, 그 와중에 아이를 집중시킨 '뽀로로'라는 존재에 대한 새삼스러움 등으로 어수선하던 신경을 붙잡느라 땀이 나던 날이었다.

그러면서 한편 드는 생각이 격세지감이랄까? 오늘의 아이들이 '뽀로로'라면 예전의 아이들은 '미키 마우스'였다. 거기에 클래식 음악 교육까지 동시에 가능한 미키 이야기도 있어서 필자도 아이가 어렸을 때 대단히 유용하게 이용했다. 그것이 바로 디즈니사에서 제작한 〈환타지아〉에 나오는 『마법사의 제자』이다.

1940년대에 나온 월트 디즈니의 〈환타지아〉는 클래식 음악을 애니메이션화 하기를 오래 소망하던 창업주 디즈니의 꿈을 이룬 작품으로, 단순히 음악을 소재로 한 애니메이션을 넘어 음악을 애니메이션으로 표현하는 것이 가능하다는 신기원을 이뤄낸 '일대 사건'이었다. 가능 정도가 아니라 거의 완벽에 가깝다. 이 〈환타지아〉에 나오는 미키 마우스의 이야기가 프랑스 작곡가 폴 뒤카의 작품을 애니메이션화 한 『마법사의 제자』이다.

폴 뒤카의 출세작일 뿐만 아니라 근대 프랑스 관현악곡 중 손꼽히는 걸작으로 꼽히는 『마법사의 제자』는 괴테의 이야기 시 〈마법사의 제자〉를 그대로 음악으로 옮겨 놓은 것인데, 〈환타지아〉에서는 미키 마우스가 말썽 많은 제자로 등장해 활약한다. 어느 날 마법사가 외출하며 제자에게 그동안 물을 길어 놓으라고 명령한다. 하지만, 일하기 싫었던 미키 마우스는 어설프게 배운 마술을 써서 빗자루에게 자기 대신 물을 긷게 한다. 그리고는 달콤한 낮잠을 즐기던 사이, 빗자루가 멈추지 않고 계속 물을 길어오는 통에 그만 주변이 온통 물바다가 되어 버렸고, 빗자루를 멈추게 하는 방법을 몰랐던 미키 마우스가 허둥지둥 야단법석 하는 모습이 음악과 함께 펼쳐진다.

마법사의 제자를 나타내는 제1주제가 바이올린으로, 빗자루를 나타내는 제2주제가 클라리넷으로 연주되며, 이 두 개의 주제가 반복해서 연주됨에 따라 빗자루의 운동이 그려지면서 이야기의 줄거리를 제시한다. 물, 홍수, 격류, 제자가 당황하는 정경, 애원, 주문 등이 유쾌하고 다채롭게 그려진다.

당대 최고의 지휘자 레오폴드 스토코프스키가 음악과 지휘를 맡고, 필라델피아 오케스트라가 연주한 『마법사의 제자』는 단순히 스토리의 진행을 음악에 맞춘 것이 아니라는 점에서 지금 봐도 놀라운 작품이다. 스케르초 풍의 톡톡 튀는 경쾌한 주선율 속에서 리듬의 변화, 강약의 섬세한 표현, 각 악기들이 나타내는 느낌 등은 대단히 치밀하게 계산되고 연주된 음악과 장면들 덕분이다.

스토코프스키는 처음 이 『마법사의 제자』를 10분 정도의 단편 애니메이션과 함께 진행해 줄 것을 제안 받았는데, 여기에 더해 바흐, 베토벤, 차이콥스키, 슈베르트, 스트라빈스키, 폰키엘리의 음악을 더한 8곡의 클래식 음악과 각 음악에 딱딱 들어맞는 애니메이션 8개,

그리고 당대 최고의 음악 평론가 딤스 테일러의 부드러운 해설로 이루어져 탄생한 것이 〈환타지아〉이다. 이후 색채를 입히고 화질을 개선해서 내놓은 개정판에 해당하는 속편 〈환타지아 2000〉이 제임스 레바인의 지휘와 시카고 심포니 오케스트라의 연주로 나왔다.

〈환타지아〉는 성인들에게도 부족함이 없는 클래식 음악 애니메이션이다. 어린이날이 있고, 모처럼 가정의 의미를 되새기는 5월에 자녀들과 함께 즐겁게 감상하기 좋은 작품일 것이다. 부모의 말을 듣지 않고 마음대로 했다가는 어떤 난관에 빠질지를 미키 마우스의 행동으로 대리 체험하게 하는 남다른 재미도 있다.

CD
· 앙세르메 지휘, 스위스 로망드 관현악단 / *Decca*
· 뮌슈 지휘, 보스턴 심포니 오케스트라 / *BMG Japan*
· 토스카니니 지휘, NBC 교향악단 / *NAXOS*
· 환타지아 O.S.T. / *Walt Disney*
· 환타지아 2000 O.S.T. / *Sony Music*

DVD
· 환타지아 DE - 레오폴드 스토코브스키 / 월트디즈니
· 환타지아 2000 / 월트디즈니

7장

클래식을 사랑하는 당신에게

우리들, 한국인의 이야기

김동진 - 봄이 오면 / 김동진 - 목련화 /
장일남 - 비목 / 김동진 - 가고파 / 김성태 - 추억 / 장일남 - 기다리는 마음

차가운 겨울의 끝을 버티게 하는 화사한 봄의 연가

김동진
봄이 오면

어느덧 입춘이다. 그런데, 아직도 날씨는 춥고 거리는 무채색의 겨울 복장에서 벗어나지 못했다. 봄이 시작된다는데 몸과 마음은 아직도 겨울인, 그래서 더욱 코앞에 있다는 봄이 간절해지는 것이 입춘의 매력인 듯하다.

> 봄이 오면 산에 들에 진달래 피네
> 진달래 피는 곳에 내 마음도 피어
> 건너 마을 젊은 처자 꽃 따러 오거든
> 꽃만 말고 이 마음도 함께 따가 주

「봄이 오면」은 1931년에 작곡가 김동진이 김동환의 시에 곡을 붙인 가곡이다. 서양의 곡들로부터 우리의 가곡까지 봄에 대한 노래들은 많다. 그중에서 긴 수사^{修辭} 없이 딱 한마디로 봄을 확 다가오게 하는 이 곡을 개인적으로 필자는 좋아한다.

이 곡의 작곡 배경에 대해 김동진 선생은 학창 시절에 혼자 바이올린 연습을 끝내고 발성 연습을 하던 중 갑자기 떠오른 곡이라고 설명했다. 평소 김동환의 이 시를 좋아했는데 풍금을 치며 발성 연습을 하던 중 시의 한 구절인 '건너 마을 젊은 처자'라는 부분이 갑자기 떠오르면서 악상이 떠올라 즉시 오선지에 옮겼다고 한다.

1931년이면 선생의 나이 18세, 물오르는 젊음이었을 10대 청년이 봄을 대하는 마음이 소박하면서도 로맨틱하게 그려져 있고, 그러면서도 문득 고조되는 '꽃만 말고 내 마음도~' 부분은 그야말로 젊음만이 표현할 수 있는 열정의 비약이다.

작곡가의 선율이 봄을 맞는 젊음의 연가^{戀歌}라면, 가사가 된 시를 쓴 김동환의 입장은 좀 다르다. 한국 문학사의 흔치 않은 문인 부부였던 김동환은 1929년 자신이 창간한 월간지 〈삼천리〉에서 기자이던 최정희를 만난다. 훗날 소설가가 된 최정희에게 경제적 도움도 아끼지 않으며 사랑을 나누던 두 사람은 결혼으로 이어졌지만 〈삼천리〉의 경영난 속에서 큰 어려움에 봉착한다. 일제 식민 시대라는 역사의 소용돌이와 경제적 어려움이라는 난관 때문이었을까? 부부는 앞서거니 뒤서거니 친일 활동을 하게 되고, 이는 두고두고 지울 수 없는 치명적인 흠집이 되었다.

그런 그들에게도 한때 행복했던 시절이 있었다고 한다. 훗날 최정희는 이 시기를 '꿈같이 행복했던 나날'이라고 술회하기도 했는데, 8·15 광복 후 6·25 동란 전까지의 약 5년간이었다. 부모의 뒤를 이어

작가가 된 부부의 두 자매 지원과 채원은 부친 김동환이 특히 「봄이 오면」과 「산 너머 남촌에는」을 좋아했다고 회상한다.

"아버지는 우리들을 '거친' 이 세상으로부터 고립시켜 완전히 보호하고 싶어 하셨던 것 같다. 아버지는 '낙원 같은 우리집'이라고 우리집을 말했고, 특별한 데 없는 우리들을 '천금 같은 이이들'이리고 불렀다. 돈을 독약인 양 아이들의 눈에 안 띄는 데 두었고, 아이들을 학교도 보내지 않겠다고 하였다."

자신들의 흠결 때문에 상처받지 않도록, 또 가난과 세상의 고통으로부터 보호해 주고자 안간힘을 쓰던 아버지 김동환은 6·25전쟁 시 납북됨으로써 이들과 영원한 이별을 하게 된다. '낙원 같은 우리집'의 행복은 짧게 끝났고, 여덟 살 지원, 네 살의 채원 자매를 키우는 일은 최정희 혼자만의 몫이 되었다. 그 파란의 삶을 훗날 채원은 소설 《겨울의 환》에서 그렸다. 결혼이 파경에 이른 마흔세 살의 여자가 홀로된 어머니만 사는 친정으로 돌아와 감당해 나가는 시간과, 그 속에서 함께한 어머니 최정희의 신산스럽던 삶에 대한 묘사였다.

친일에서 납북으로 생을 마친 시인의 비극과, 그가 기다렸을 따스한 봄을 선율로 풀어낸 작곡가, 납북되었던 김동환과 달리 김동진은 6·25전쟁 때 남하한 월남 작곡가였다. 서로가 전혀 다른 삶을 살았지만 공통점이 있었으니 그것은 조국의 고통, 전쟁, 역사의 혼란 속 추위였다. 그래서 각각 다른 삶을 살았던 두 사람이지만 그들에게 봄은 '봄' 그 자체였을 것이다. 춥고 삭막한 겨울을 이겨낼 수 있는 꿈. 곧 얼어붙은 모든 것이 녹고 꽃이 필 것이며, 그 안에서 새로운 사랑이 싹틀 것이라는 믿음. 꽃만 말고 이 마음도 함께 따가 주 하는….

CD
- 한국가곡 시와 노래 / ㈜서울미디어
- 한국 서정 가곡 베스트 48곡 / ㈜서울미디어
- 콘스탄틴 실베스트리 지휘, 프랑스 국립방송관현악단 / 가곡사랑

숭고한 정신과 의지, 그 아름다운 찬가

김동진
목련화

예쁘게 집을 짓고 전원 생활을 즐기고 있는 친구에게서 연락이 왔다. 봄꽃이 피기 시작하니 지기 전에 다녀가란다. 그 연락을 받고 보니 갑자기 마음이 바빠졌다. 지난 봄 친구의 정원에서 만났던 봄꽃들의 향취가 마치 지금 막 맡은 양, 코끝에서 피어오르는 듯하다. 특히 그 봄 정원을 환하게 밝히던 목련이 참 아름다웠던 것이 떠오른다. 그때가 된 것이다. 목련의 그윽하고 우아한 자태를 만날 때가 된 것이다.

우리에겐 봄꽃의 하나이지만 목련은 백악기 때부터 현재까지 살아온 가장 오래된 식물 중 하나라고 한다. '목련木蓮'이라는 이름 그대로 '나무에 핀 연꽃'이라는 의미이고, 때문에 연못이 없는 작은 절집에서 목련을 많이 심었다. 그런가 하면 옥같이 깨끗한 나무라 해서 '옥수玉樹'라 부르기도 하고, 피기 전 꽃봉오리가 붓끝을 닮았다 해서

‘목필木筆’, 늘 북쪽을 향해 피어나서 ‘북향화北向花’라고도 부를 만큼 지칭하는 이름도 많다.

이 중 눈길을 끄는 것이 ‘왜 목련은 북쪽을 향해 피어나는가’이다. 거기에는 좀 애달픈 전설이 있다. 옛날 다른 남성들에는 관심이 없고, 오직 북쪽 나라의 왕만 사모하던 옥황상제의 딸이 있었다. 옥황상제는 그런 공주를 단념시키기 위해 혼처를 알아보지만, 그런 아버지의 걱정에도 불구하고 북쪽 나라 왕에 대한 사랑을 단념할 수 없었던 그녀는 결국 집을 나가 그를 찾아 나선다. 천신만고 끝에 북쪽 나라에 도달한 공주는 기쁨도 잠시, 왕이 이미 결혼한 몸이라는 사실을 알게 된다. 충격에 빠진 그녀는 절망한 나머지 바다에 몸을 던져 자결하고 만다. 뒤늦게 이러한 사실을 알게 된 북쪽 나라 왕은 공주의 넋을 달래는 장사를 잘 지내고 위로하지만, 그 역시 이 애달픈 비련 앞에서 우울해진다. 그런 왕을 바라보아야 하는 왕비도 그 후 슬픔 속에 세상을 떠난다.

후에 이 모든 소식을 들은 옥황상제가 그들을 가엽게 여겨 사랑을 이루지 못하고 죽은 자신의 딸의 무덤에서는 백목련을, 사랑하는 자의 아픔을 지켜봐야 했던 왕비의 무덤에서는 자목련을 꽃 피게 한다. 하지만, 두 목련은 꽃봉오리가 모두 북쪽을 향했으며, 같은 자리에서 피지 않았다.

백목련과 자목련의 이 전설은 중국 원산에서부터 전해졌다는 설이 가장 많다. 때문에 이 고사古史에 바탕을 둔 영화가 디즈니사의 〈뮬란〉이다. ‘뮬란’은 ‘목련’을 지칭하는 또 다른 이름 ‘목란木蘭’의 중국 발음 ‘무란’의 영어식 표기로, 작자 미상의 고악부古樂府인 《목란사木蘭辭》를

배경으로 한 작품이다. 이 작품 속 주인공 이름이 '백목련'이기 때문
이다.

　재미있는 것은 목련이 배경인 〈뮬란〉 속 백목련은 비련의 주인공이
아니다. 오히려 용감하게 위험에 처한 부족을 구하고 사랑도 쟁취하
는 열정적인 여성이다. 이러한 기상을 목련에서 본 이들이 한국에도
있었다. 작곡가 김동진과 작사를 한 조영식 박사. 당시 경희대 총장
이었던 조영식은 1974년 경희대 개교 25주년을 기념하기 위해 음악
대학 학장이던 김동진에게 기념 칸타타를 의뢰한다. 이를 위해 조영
식은 〈4반세기 칸타타〉라는 시를 썼고 김동진은 이를 바탕으로
칸타타『대학 송가』를 발표하는데 이 속에 있던 곡 중 하나가「목련화」
이다.

　당시 경희대 음대 강사였던 테너 엄정행이 이 노래를 불렀는데, 김
동진은 엄정행으로 하여금 60여 번을 고쳐 부르게 하는 연습 끝에
비로소 무대에서 부르는 것을 허락했고, 레코드 녹음도 하게 했다고
한다. 이 때문에 엄정행의 별명이 한때 '60번'이 된 것은 유명한 일화
이다. 덕분에 엄정행은「목련화」를 통해 세상에 그 이름을 알리게 되
었고, 그의 대표곡이 되었다. 상아탑의 청춘들을 위해 작곡된 곡인

만큼 「목련화」는 비련보다는 추운 겨울을 모질게 이겨낸 의지에 주목했다. 상아탑을 찾아 모여드는 젊음들에게 보내는 애정과, 이들이 짊어지고 나갈 조국의 앞날을 축복하는 뜻을 순결한 목련화의 예찬으로 비유한 것이다. 그 결과, 당시 경희대생은 물론 오늘날까지 많은 이들에게 사랑받는 대표적인 한국 가곡이 되었다.

목련꽃의 꽃말은 숭고한 정신과 자연애라는 의미를 갖고 있다. 그러므로 우리의 「목련화」나 〈뮬란〉이 목련의 의미를 좀더 잘 그려낸 게 아닐까 싶다. 한겨울의 동면 속에 머금고 머금어 잎도 피기 전에 꽃부터 피워내는 목련이 '처연한 슬픔' 따위로 여겨질 수 없는 것도 한몫한다. 사랑의 상실로 죽음에 이르러 꽃으로 피어났지만 고집스럽게 북쪽을 향해 고개를 돌리는 두 여인의 강인한 의지 또한 빼놓을 수 없다.

지나간 것은 다시 오지 않는다. 이 봄, 이때 피는 꽃들 역시 누리지 못하고 지나치면 다시 만날 수 없다. 더구나, 잔인한 사월 아닌가. 오늘을 누리고 가져야 추억이 되고 미래가 되는 법이다. 부디 어렵더라도 이 시간, 이 계절, 이 색채를 놓치지 말고 가슴에 담을 수 있기를. 용기 있는 자만이 누릴 수 있는 것이다. 그 용기를 잃지 말기를. 환히 피어나는 목련의 빛나는 의지처럼!

p.s. 감상을 원한다면

CD
• 한국 가곡 2집 - 목련화 / 가곡사랑
• 노스탤지아 - 아름다운 우리가곡 / *E&E Media*
• 엄정행 - 엄정행 애창곡집 / 뮤직리서치
• 한국인이 사랑하는 명작가곡 / 내츄럴리뮤직

동족상잔의 비극, 그 현재 진행형을 노래하는

장일남
비목

작곡가에게 많은 이들이 두고두고 사랑하는 대표작이 있다는 것은 행복한 일일 것이다. 게다가 특별한 의미가 있어 그 작품이 매년 어느 때 반드시 연주되는 경우라면 그보다 더 좋을 수 없을 것이다. 2006년 세상을 떠난 작곡가 장일남의 가곡 「비목」이 그러한 경우이다.

초연이 쓸고 간 깊은 계곡
깊은 계곡 양지 녘에
비바람 긴 세월로 이름 모를 이름 모를 비목이여
먼 고향 초동 친구 두고 온 하늘가
그리워 마디마디 이끼 되어 맺혔네
궁노루 산울림 달빛 타고
달빛 타고 흐르는 밤
홀로 선 적막감에 울어 지친 울어 지친 비목이여
그 옛날 천진스런 추억은 애달파
서러움 알알이 돌이 되어 쌓였네

「비목」이라는 제목과 가사에서 보듯이, 이 곡은 해마다 특히 6·25

한국 전쟁이 일어났던 6월이면 지정곡처럼 불리고 있다. 심지어 70년 대엔 한 TV 드라마에 주인공이 즐겨 듣는 곡으로 삽입되는 통에 대중 가요 못지않은 대단한 인기를 얻기도 했고, 지금도 한국 가곡 중 가장 많은 이들이 친숙하게 생각하는 작품으로 꼽힌다.

곡이 만들어진 동기를 보아도 이 곡이 6월의 곡, 전쟁의 비극, 분단의 아픔, 통일을 생각하게 하는 상징성은 이어진다. 1967년 작곡된 「비목」은 함께 방송 프로그램을 하던 젊은 작곡가와 젊은 PD의 의기투합에서 시작된다. 당시 국악인이자 TBC전 동양 방송 음악부 PD로 근무 중이던 한명희는 방송 일로 자주 만나던 작곡가 장일남으로부터 신작 가곡을 위한 가사 몇 편을 의뢰 받는다. 그때 한명희가 내놓은 것이 직접 만든 한 편의 시였다.

장교 출신으로 비무장 지대에서 군 복무를 했던 한명희에게는 잊을 수 없는 기억이 있었다. 그가 복무하던 곳은 백암산 계곡 비무장 지대였는데, 어느 날 잡초가 우거진 백암산 기슭에서 무명 용사의 녹슨 철모와 돌무덤을 발견한다. 무덤에는 개머리판이 거의 썩고 총령만 남은 카빈총 한 자루가 꽂혀 있었다. 이름도 없이 홀로 외로이 죽어갔을 총의 주인이 가슴 아팠던 한명희는 그 카빈총을 주워 왔고, 깨끗이 손질을 하며 그 혼을 위로했다. 일반 병사들이 쓰는 M1 소총이 아닌 카빈총의 주인이라면 자신처럼 소대장 계급의 꿈 많은 소위였겠구나 하는 마음에 더 마음이 아렸다고 훗날 한명희는 이 시에 대해 회고했다.

장일남은 황해도 해주 출신으로 6·25 동란 때 단신 월남한 실향민이다. 전쟁의 비극을 직접 몸으로 겪었던 그에게 한명희가 건네준 이

시는 바로 자신의 절절한 아픔이었다. 그대로 선율을 짓기 시작한 작곡가는 결국 밤을 꼬박 새웠고, 가곡 「비목」은 그렇게 탄생되었다. 동족상잔이라는 비극 속에 이름도 없이 사라져 간 넋들이 있고, 또 그 넋들이 찾아오는 이 없이 외로이 이 산하 어딘가에 묻혀있다는 자각自覺은 한국인들에겐 참 괴로운 깊은 통증이었다. 또 평양에서 음악 대학을 나오고 결혼까지 했지만 전쟁 통에 월남한 후 결국 돌아갈 수 없는 고향이 되어 가슴에 묻은 작곡가의 마음 역시 마찬가지였을 것이다.

그러한 작사가의 아픔과 작곡가의 한恨이 만나게 되었으니 이 곡이 타인들에게 어떤 공감을 불러일으킬지는 이미 노랫말이 작곡가의 손에 쥐어지는 순간 예견된 것이었을 것이다. 작곡가는 가사의 고난스러운 배경에 단조의 설정으로 고독, 우수의 감정을 불어넣어 적막의 두려움과 전쟁의 비참함, 그 때문에 더욱 간절한 향수로 승화시켰다. 소프라노가 아닌 메조소프라노가 부르게끔 톤을 낮춘 작곡가의 선택 또한 빠질 수 없다. 만일 이 곡을 별 생각 없이 소프라노가 부르게끔 음역대를 맞추었더라면 그저 상징적으로 표현하는 노래가 되지 않았을까? 실제로 전쟁을 겪어보지 않아 머릿속으로민 그린 아픔을 노래하는 젊은이의 것처럼 말이다. 하지만, 초연 당시부터 이 곡을 불렀던 메조소프라노 김청자에 이어 역시 메조소프라노 백남옥의 노래로 전해지던 「비목」의 낮고 풍성한 울림 그대로가 한국 전쟁에 대한 비가悲歌였다.

"달밤에 순찰을 돌면 격전지에서 쓰러진 전사자들의 절규가 허공에 돌아다니는 기분을 느끼며 소름이 돋을 때가 많았습니다. 궁노루 울음소리, 그것도 이름 없는 병사들의 넋이 외치는 절규 같았지요.”라고 한명희는「비목」을 설명하며 당시를 회고했다. 장일남 역시 생전에 민방위 훈련 사이렌 소리에도 서늘하게 가슴이 내려앉는다며 전쟁의 아픔과 두려움을 토로하곤 했다. 결국 작곡가는 두고 온 고향과 가족들을 끝내 되찾지 못하고 눈을 감았다.

가곡「비목」은 그러한 노래이다. 과거인 듯하지만 지금도 현재인 상황…. 우리 현대사의 비극인 6·25전쟁은 단순히 현충일과 6월 25일 날짜로만 존재하는 과거가 아니라, 동족상잔의 아픔이고, 애국심 하나로 사랑하는 가족을 뒤로한 수많은 애국선열과 국군 용사의 넋이 살아 숨쉬는 현재 진행형의 모습이라는 것을 일깨워 준다. 아마 통일이 되는 그날까지「비목」이 그 아픔을 헤집는 역할을 할 것이고, 훗날에도 이 곡은 다시는 이런 비극을 이 땅에 없게 하라는 경계의 음악으로 존재할 것이다.

‘역사를 잊은 민족에게 미래는 없다.’라고 한다. 과거를 통해 한 걸음 더 발전하고 진보하는 것이 역사이다. 그런 점에서 우리에게「비목」이 존재한다는 것은 얼마나 다행한 일인가? 평안한 우리들의 오늘을 위해 기꺼이 귀한 목숨을 바친 이 땅의 호국영령들에게 다시 한번 깊은 감사를 드린다.

p.s. 감상을 원한다면

CD
· 위대한 한국가요 베스트 4집: 비목(碑木) / *서울미디어*
· 그리운 우리 가곡 – 한국 최고 예술 가곡집 / *E&E Media*
· 한국가곡 시와 노래 / *서울미디어*
· 신영옥 – 내 마음의 노래 / *Universal*

고향이 아니어도 그립고 설레는 향수

김동진
가고파

얼마 전 세종솔로이스츠의 공연에 갔더니 김동진의 가곡 「수선화」가 두 대의 첼로와 현악 앙상블로 연주되었다. 앞서 다소 딱딱한 버르토크의 연주를 들은 뒤여서였는지 관객 속에서 작은 탄성이 흘러나왔다. 현악 연주로 듣는 가곡의 선율은 또 다른 매력이 있었다. 뒤이어 코리아남성합창단의 공연에서도 우리 가곡을 만났다. 역시 김동진의 「가고파」와 「목련화」였다. 성가곡과 오페라 합창을 진지하게 듣던 관객들의 표정이 편안하게 풀어졌다. 조그맣게 따라 부르는 이들도 있었다.

늘 느끼지만 우리 가곡은 예술가곡으로서 부족한 부분이 많고, 창가류의 대중적인 요소나 찬송가 풍의 느낌이 강한 탓에 정통 클래식 음악 부류에 속하냐 마냐 하는 논란이 많다. 하지만, 해방 후부터 지금까지 굴곡의 역사를 보낸 우리 민족의 희로애락을 함께 했다는 점에서 우리 가곡은 한국인들에게 그렇게 특별한 의미라는 생각이다. 마치 남달리 정이 가는 속 든든한 맏이 같은 장르로 여겨지는 것 같다.

시인 이은상의 시에 작곡가 김동진이 곡을 붙인 「가고파」는 그런 의미에서 한국인들에겐 대표적인 향수의 감정이다. 굳이 고향이 따로 없다고 생각하는 서울 사람인 나에게도 그리워할 고향을 떠올려 보고 싶어지는 곡이니 말이다.

내 고향 남쪽 바다 그 파란 물 눈에 보이네
꿈엔들 잊으리요 그 잔잔한 고향 바다
지금도 그 물새들 날으리 가고파라 가고파
어릴 제 같이 놀던 그 동무들 그리워라
어디 간들 잊으리요 그 뛰놀던 고향 동무
오늘은 다 무얼하는고 보고파라 보고파

그 물새 그 동무들 고향에 다 있는데
나는 왜 어이타가 떠나 살게 되었는고
온갖 것 다 뿌리치고 돌아갈까 돌아가
가서 한데 얼려 옛날같이 살고지고
내 마음 색동옷 입혀 웃고 웃고 지내고저
그날 그 눈물 없던 때를 찾아가자 찾아가

「가고파」는 시인 노산鷺山 이은상의 실제 고향인 경남 마산 앞바다를 그리며 지은 시에 1933년 평양 숭실전문학교 학생이던 김동진이 곡을 붙인 가곡이다. 원래는 10절이나 되는 긴 가사였던 「가고파」는 우리에게 잘 알려진 4절이 먼저 작곡되었고, 나머지 6절은 40여 년이 흐른 1973년에 완성되었다. 김동진이 이은상의 시 〈가고파〉를 알게 된 건 스승 양주동 박사의 소개 때문이다. 20대에 막 들어선 열혈 청년 김동진은 이 시에 단숨에 매료되었고, 그 자리에서 초고속(?)으로 곡을 붙였노라고 훗날 회고했다. 그렇게 만들어진 곡이 알려진 것은 테너 이인범이 전 일본 성악 콩쿠르에서 우승한 후, 순회공연을 하면서 「가고파」를 꼭 레퍼토리에 넣어 부르면서였다.

나라 잃은 아픔이 컸던 일제 치하의 세월을 살고 있던 사람들에게 이 곡은 단순한 고향을 그리는 향수 이상으로 다가왔고, 많은 이들이 애창하고 찾아 듣는 곡이 되었다. 덕분에 김동진은 일생일대의 위기 앞에서 「가고파」의 도움을 받았다. 평양음악 대학 교수이자, 평양 교향악단의 전신인 중앙교향악단과 합창단을 창단하며 지휘자로 활발하게 활동하던 김동진은 6·25 전쟁이 발발한 1950년 12월 임진강을 건너 월남했다. 그렇지 않아도 공산 치하에 염증을 느껴왔고, 더 이상은 그 체제하에서 살 수 없어서였다. 하지만 문제가 생겼다. 검문에 걸린 깃이다. 신분을 밝힐 아무런 신분증이 없었넌 그는 '간첩'으로 의심하는 헌병의 눈초리 앞에서 갑자기 노래를 시작했다. '내 고향 남쪽 바다~' 「가고파」였다. 바로 이 곡의 작곡가라고 당당하게 밝히는 김동진의 노래 앞에서 헌병은 고개를 끄덕였고, 그는 무사히 풀려났다. 삶과 죽음이 말 한마디에 갈리는 치열한 전시 상황이었지만 '국민 가곡'일 만큼 사랑받는 「가고파」의 힘을 새삼스럽게 하는 그야말로 '극적인' 장면이었다.

어떻게 그런 자리에서 노래를 부를 생각을 했냐고 묻는 기자에게 '내 노래니까!' 하며 파안대소하던 생전의 그가 생각나는 대목이다. 그 이야기를 할 때마다 김동진은 이인범을 거론했다. 이인범이 「가고파」를 불러준 덕분에 노래가 알려졌고, 덕분에 오늘의 자신이 있었던 것이라고 늘 고마워했다. 후에 먼저 세상을 떠난 이인범의 장례식장에서 눈물의 조사를 읽으며 다시 한번 감사를 표했던 일은 유명하다.

1913년생이던 김동진은 2009년 96세로 타계했다. 「가고파」의 탄생 주역이던 이은상과 이인범을 먼저 보낸 뒤였다. 평안남도 안주에서 태어나 일제 강점기와 해방, 그에 이어지는 남북 분단이라는 격정의 한국사와 맞물려 있던 이 원로 음악인의 생애는 그대로가 한국 근현대사의 파란만장한 역사적 현장의 한복판이었다. 음악인으로서 오직 음악인의 삶을 살았고, 오늘날까지 많은 사랑 속에 불리고 있는 숱한 가곡들을 남겼지만 순탄함보다는 신산스러운 삶이었다고 훗날 회고했다.

어린 시절과 젊은 날은 만주에서 평양으로, 또 평양에서 서울로 넘나들며 생사의 기로에 섰고, 평양에선 기독교 집안이라는 이유로 숙청되어 음악가 생활을 접어야 하기도 했다. 음악가로서 살아가고자 월남을 했고, 극적으로 성공했지만 이번에는 '월남 작곡가', '이북 출신 음악가'라는 올무에 걸려 심한 텃세를 받아야 했다. 만년에는 한국인의 발성법을 재정립한 '신 창악'을 보급하기 위해 새로운 열정을 불살랐지만 뜻대로 되지 않았다. 그렇듯 많이 사랑받는 음악을 작곡했고, 대한민국 예술원상까지 수상한 원로 작곡가가 손수 악보를 들고 출판사로, 방송사로, 언론사로 뛰어다니던 모습이 지금도 눈에

선하다. 그리고, 당시도 미안한 마음이었지만 지금도 미안하기 그지
없다.

그의 음악을 그리도 사랑하고, 그의 음악을 받기 위해 줄을 서던
사람들이 어쩌면 그렇게 매몰차게 냉정한 거절을 할 수 있을까 속상
해서였다. 아무 힘도 없는 초년병 기자였던 필자 앞에서 직접 노래를
불러 보이며 열정적으로 자신의 새로운 가치, 신 창악에 대해 설명하
던 작곡가의 모습이 「가고파」를 들을 때마다 마음 편치 않은 기억으
로 겹쳐지는 이유이다.

CD
- 아름다운 한국의 四季(사계) - 김규환, 김동진, 김성태, 나운영 외 / *가곡사랑*
- 한국 가곡 베스트 - 백남옥, 엄정행, 안형일 / *내츄럴리뮤직*
- 맑고 아름다운 시와 음악이 있는 한국 서정 가곡 베스트 48곡 / ㈜*서울미디어*
- 홍혜경 - 한국 가곡집(Korean Songs) / *워너뮤직(팔로폰)*
- 조수미 - 새야 새야 / *E&E Media*

DVD
- 플라시도 도밍고 라이브 인 서울(DVD + Bonus CD 한정판) / *이엔이미디어*

각각의 시간과 향기로 다시 태어나는 또 다른 이야기

김성태
추억

부산에 간 지인이 바다 사진을 보내왔다. 아무리 분주해도 잠깐 멈추고 들여다보아야 할 순간이다. 바다가 왔으니까. 바람 소리, 파도 소리, 그 안에 함께한 소리, 내음, 기억 등등이 뭉클뭉클 떠오르니까. 그러고 보니 어느덧 11월의 바다이다. 불현듯 마음이 바빠지고 초조해지는 계절, 그 11월의 바다인 것이다. 자세히 보니 해변을 거니는 사람들의 모습도 사진 속에 함께 있다. 그들은 각각 무슨 생각을 하며 이 순간의 바다를 보는 것일까? 작곡가 김성태의 가곡 「추억」이 떠오른 것은 그래서이다.

잊어버리자고 잊어버리자고
바다 기슭을 걸어보던 날이
하루 이틀 사흘 여름 가고 가을 가고
조개 줍는 해녀의 무리
사라진 겨울 이 바다에
아아 이 바다에 잊어버리자고 잊어버리자고
바다 기슭을 걸어보던 날이
하루 이틀 사흘

조병화의 시 〈추억〉에 곡을 붙인 가곡 「추억」은 우리에겐 김성태의 곡으로 많이 알려졌지만, 「그리운 금강산」의 작곡가 최영섭의 곡도 있다. 특히 그는 많은 이들이 그의 대표곡을 「그리운 금강산」으로 알고 있는 것과 달리, 「추억」을 가장 아끼는 대표곡이라 자주 얘기한 바 있는 곡이다. 그야말로 추억 속에 빠지게 하는 시구 때문에 사람들은 이 가곡 앞에서 사랑, 실연, 지나간 것들에 대한 회한 등을 떠올리지만, 정작 시의 주인공 조병화는 다른 이야기를 했다.

시인 조병화가 〈추억〉을 쓴 것은 1949년, 그의 모교이던 경성 사범학교(현 서울대 문리대)에서 물리 교사로 재직 중일 때였다. 당시는 좌우익 대결이 가장 첨예하게 대립하던 시기이다. 그는 아침마다 교무실에서 벌어지는 이데올로기 논쟁에 극도로 피폐해 졌고, 이를 달래기 위해 주말만 되면 인천 앞바다로 달려갔다고 한 인터뷰에서 회고했다. 좌우익 어느 한 편에 서지 않은 덕분에 양쪽으로부터 비난의 세례를 받았던 그의 생각은 오직 '해방된 조국에서 왜 이렇게 싸워야 하는가?'였고, 그 심정을 담은 시가 〈추억〉이었다. 1949년 그의 첫

창작집 《버리고 싶은 유산》에 수록된 〈추억〉은 그러나 시인의 생각과는 다르게 사람들에게 읽혀져 주로 '버리고 싶거나', '잊고 싶은' 사랑의 유산이 되어 버렸다.

여기서 재미있는 것은 같은 시를 두고 곡을 붙였던 또 한 사람인 작곡가 최영섭의 회고는 전혀 다르다는 것이다. 당시 서울대 음악 대학 학생이던 최영섭은 인천에서 서울로 기차 통학을 하고 있었고, 역시 인천에 살면서 서울로 출퇴근 하던 조병화와 알게 되었다. 나이 차이에도 불구하고 문학과 음악에 뜻이 통했던 두 사람은 종종 인천 앞바다에 들러 소주 한잔을 기울이며 우정을 나누었는데, 어느 날 인천의 영화관 표관瓢館에서 열린 여류 피아니스트의 피아노 독주회에 두 사람이 함께 가게 되었다. 문제가 생긴 것은 여기서였는데 조병화가 그 피아니스트에게 마음을 빼앗겨 버린 것이다. 1949년 초겨울, 송도의 갯벌에 나란히 앉아 찬란한 서해의 낙조를 바라보던 시인이 가방에서 소주를 꺼내 한 병을 다 마시고 즉흥적으로 읊은 시가 '잊어버리자고, 잊어버리자고'의 〈추억〉이었다. 재빨리 그 시를 받아 적고 그날 밤 자정을 넘긴 시각에 탄생한 곡으로 작곡가 최영섭은 「추억」을 기억했다.

김성태의 「추억」은 어떤가. 생전에 인터뷰를 요청하면 동숭동으로 오라고 호쾌하게 얘기하던 그를 기억한다. 처음에는 '동숭동 어디로 오라는 말인가? 동숭동 전체가 다 자신의 집이란 소린가?' 하며 당혹스럽겠지만, 그가 대부분의 삶을 동숭동에서 살았고, 동숭동 역시 그를 대표적인 인물로 꼽는다는 사실을 곧 알게 된다. 김성태는 〈추억〉의 삶에 대한 회한을 크게 꼽았다. 살아간다는 일에 있어서 사랑

말고도 얼마나 많은 사념이 있겠는가? 그것을 선율로 표현하고 싶었다고 얘기했다. 역시 동숭동에서였다. 그래서 난 동숭동에 가면 제일 먼저 김성태가 떠오르고, 그의 노래「추억」이 떠오른다.

내게도「추억」에 얽힌 '추억'이 있다. 재미 소프라노 유현아. 깃털처럼 가볍고 순수한 음색이 바로크나 모차르트 음악에 딱 어울리는 이 소프라노는 그 투명한 소리 톤의 아름다움 덕분에 EMI에서 처음으로 선정해 음반을 발매한 한국의 소프라노였다. 미국과 해외 무대에서 먼저 알려지고 이후 국내에 알려졌던 유현아가 세인의 주목을 끈 것은 안타깝게도 노래가 아닌 그의 특별한 개인사부터였다.

노래를 하고 싶었지만 목사인 부친의 반대로 생물학을 전공하고, 역시 물리학자인 남편과 미국에 살던 유현아는 어느 날 교회에 가던 길에 괴한의 '묻지 마 총탄 세례'로 졸지에 남편을 잃었다. 기적적으로 살아남은 아들과 함께 남겨진 그녀가 고통 속에서 지푸라기처럼 잡은 것이 노래였다. 너무나 평범치 않은 그녀의 이야기가 드라마틱하게 다가오는 것은 어쩌면 당연한 것이다.

그러나, 나는 그런 시선으로 이 가수를 보는 게 마뜩잖았다. 그래서, 그녀를 초청한 공연에서 가급적 그쪽으로는 화제가 이어지지 않도록 진행을 했는데, 결국 이 얘기를 하지 않을 수 없는 상황에서 그녀가 먼저 담담하게 얘기를 꺼냈다. 물론 자신도 이 얘기가 스스로의 노래 앞에 늘 먼저 거론되는 게 싫었단다. 그런 그녀에게 멘토로 존경하던 존스홉킨스대학교 총장이 '너의 경험 때문에 더 많은 사람들이 음악의 세계로 온다면 좋은 일 아니냐'고 하던 충고 덕분에 받아들이기로 했다는 것이다.

그런 얘기를 담담히 하고 노래를 이어가던 그녀가 앙코르 요청을 받고 부른 곡이 김성태의 「추억」이었다. 어떠한 경우에도 자신의 목소리처럼 밝고 투명하며, 순수하고 담대하던 그녀의 목소리가 어느 부분 순간 예리하게 떨림을 감지한 것은 나만이었을까? 그리고 언뜻 아주 잠깐 비쳤던 눈물까지. 가곡 「추억」은 내게 그러한 '추억'이 되었다. 그리고 이 가수가 오랫동안 아름답게 노래하며 행복하기를 빌게 되는 노래이기도 하다.

p.s. 감상을 원한다면

CD
• 백남옥의 우리가곡집 – 추억 / *굿인터내셔널*
• 한국 가곡 시와 노래 / *로엔*
• 4인 예술 가곡집 – 이수인, 이안삼, 임긍수, 최영섭 / *가곡사랑*

유럽인들을 감동케 한 한국인의, 한국적인 가곡

장일남
기다리는 마음

클래식 음악사를 훑다 보면 국민악파라는 사조가 있다. 민족주의 음악으로도 불리는 이 사조는 19세기 귀족 사회가 무너지고 시민 사회가 성립되던 유럽이 배경이다. 각 민족마다 민족의식이 강해지면서 클래식 음악의 중심에서 변방에 해당하던 나라들, 즉 보헤미아를 비롯하여 북유럽 등지의 슬라브 민족을 중심으로 한 나라들이 자국의 특성을 살린 음악을 구축하고 싶어했다. 그 결과 각각의 민족의식과 애국심이 발현된 음악들이 태동되었다. 덕분에 누가 들어도 러시아 음악임을 느끼게 하는 러시아 내음 물씬한 음악들이 무소륵스키를 비롯한 러시아 5인조 작곡가들에 의해 탄생되었고, 누가 들어도 체코의 음악인 드보르자크나 스메타나의 음악도 만나게 되었다.

클래식 음악의 유입이 그리 길지 않아 아직 '한국적인 색채'를 지니지 못했던 우리에게도 이런 의식이 움트게 된 계기가 있었다. 작곡가

장일남이 유럽에서 가진 작품 발표회 공연에서이다. 당시 장일남과 공연 관계자들이 유럽 무대에 자신을 갖고 무대에 올린 곡이 가곡 「비목」이었다. 「비목」은 이미 한국에서 예술가곡으로서는 드물게 돌풍을 일으키며 큰 사랑을 받은 작품이고, 한국 전쟁이라는 한국민들만의 특별한 감정까지 더해 '한국'을 표현하는 데도 손색이 없으리라는 긍지가 있었기 때문이다.

그런데, 그 특별한 「비목」을 듣는 유럽인들의 반응이 영 신통치 않았다. 찬사가 쏟아지리라는 예상과 달리 그들은 덤덤하게 그 노래를 들었고, 다음 곡들도 이어서 별반 달라지는 분위기가 아니었다. 그러던 중 유럽인들이 '바로 저것이다.'라며 환호한 곡이 나오게 된다. 그것이 바로 「기다리는 마음」이었다.

마치 우리의 창을 떠올리게 하는 이 노래를 들은 유럽인들이 이것이 바로 한국의 가곡이라며 찬사를 아끼지 않았던 것이다. 의외의 반응에 오히려 당황한 것은 작곡가와 한국 측 관계자들이었다고 장일남은 귀국 후 이날의 충격을 전했다. 이후 장일남을 비롯한 한국의 작곡가들이 우리 것에 대한 깊은 고찰과, 그것을 음악에 입히는 작업에 몰입하게 된 건 당연한 수순이었다. '한국적인 것'이 본격적으로 클래식 음악에 등장하게 된 것이다.

우리나라 민요의 모티브를 양악적 수법으로 처리, 전통적인 리듬감을 느끼게 하는 「기다리는 마음」은 장일남의 처녀작이다. 1951년 김민부 시인의 시에 곡을 붙여 바리톤 진용섭이 불렀고, 「비목」의 작사가 한명희가 자신이 진행하던 가곡 프로그램에 처음 소개한 곡이다.

황해도 해주에서 태어난 장일남은 1950년 말 한국 전쟁 당시, 고향에서 어머니가 빼준 금가락지를 품에 넣고 월남, 연평도에서 1년쯤 머문 시절이 있다. 이때 한 문학 청년을 만나 친해졌는데 그가 어느 날 전해 준 것이 옛 우리말로 된 헌책 하나였다. 그 책 속에 있던 어느 시가^{詩歌}가 장일남의 마음을 끌었는데, 원본 가사는 제주도 방언이라 정확한 풀이는 어려웠으나 대충 이런 내용이었다.

뭍으로 가서 사는 게 희망이던 제주도의 한 사내가 어렵사리 뭍으로 가 그 꿈을 이루게 된다. 그곳이 목포였는데, 막상 꿈을 이루고 나니 타향살이가 고달팠다. 떠나올 때와 달리 고향을 그리게 된 사내는 언젠가 고향에 돌아간다는 기다림 속에 목포 유달산 뒤 월출봉에 올라가 제주도가 있을 것 같은 바다를 바라보며 두고 온 여인을 생각했다. 그 기다림은 사내의 여인에게도 이어져 임이 올 것이란 기다림 속에서 제주도 일출봉에 올라가 사내를 기다리다 망부석이 되고 말았다는 얘기이다. 고향을 가까이 두고도 가지 못하는 자신의 신세와 너무나 같았다는 장일남은 연평도에서 가장 높은 산에 올라 10여 분 만에 노랫말에 곡을 붙였다. 이 곡을 당시 방송 작가이던 시인 김민부가 보고 내용에 반해 그 자리에서 표준말로 가사를 바꿔 만들어낸 것이 「기다리는 마음」이다.

얼마 전 한국 영화계를 강타했던 〈국제시장〉에서 이제는 70대가 된 남자 주인공이 산복도로 집에 앉아 부산항을 바라보며, '내 꿈은 선장이었어'라고 말하는 장면이 있다. 6·25전쟁 때 피란 내려와 가족을 건사하느라 자신의 꿈은 늘 뒷전이었던 주인공의 한 많은 인생이 산복도로에서 회상된다는 것은 특별한 의미였다. 우리나라 근현대사의 수많은 아픔과 눈물이 녹아있는 곳이 산복도로이기 때문이다. 그

중간에는 김민부 전망대가 있다. 부산항의 풍경을 한눈에 담을 수 있는, 그래서 '기다리고 기다리던' 마음들의 애잔함을 그대로 떠올릴 수 있는 곳이다. 연인을 기다리고, 고향을 그리며, 평화를 그리고, 민족의 안녕을 기다리고 고대하던 한국인들의 마음처럼… 이 곡이 한국민의 노래라고 엄지손가락을 치켜든 유럽인들의 선택이 탁월했다고 생각되는 이유이기도 하다.

p.s. 감상을 원한다면

CD
· 그리운 우리 가곡 – 한국 최고 예술 가곡집 / *E&E Media*
· 위대한 한국가요 베스트 4집 / ㈜*서울미디어*
· 특선 한국 가곡 4 / *로엔*

8장

클래식을 사랑하는 당신에게

아듀, 아디오스!

피아졸라 - 아디오스 노니노 / 피아졸라 - 망각 / 거슈윈 - 파리의 아메리카인

안녕, 김연아… 그녀가 세상에 보내는 인사

피아졸라
아디오스 노니노

드라마틱한 이야기와 아름다운 음악으로 사랑받는 오페라에서 가장 많이 등장하는 대사는 무엇일까? 아름다운 여인의 슬픈 이야기인 멜로가 다수인 오페라이니만큼 아무래도 제일 먼저 떠올려지는 것은 '사랑, Love, Amour, Amore, Liebe' 들일 것이다. 실제로는 어떨까? 의외로 오페라에서 가장 자주 들려오는 대사는 '안녕, 안녕히, Addio, Adieu, Adios'이다. 비극이 많아서이리라.

스페인어에서 비롯된 '아듀^{Adieu}'는 '안녕히 가시오'라는 뜻의 작별 인사로, 스페인어 '아디오스^{Adios}'에서 '아듀^{Adieu}'가 이어지며 영어, 프랑스어 모두 같은 표기를 한다. 작별 인사이긴 하지만 나중에 또 보자는 'So Long'이 아니고 나중을 기약하지 않는 긴 이별 인사로 정리되며, 덕분에 헤어지는 연인의 마지막 작별인사가 되기도 한다.

　2014년 소치에서 피겨 퀸 김연아 선수는 17년 선수 생활의 마지막을 장식하는 프리 스케이팅 음악으로 아르헨티나의 탱고 거장 아스토르 피아졸라의 작품『아디오스 노니노^{Adios Nonino}』를 선택했다. 캐나다의 제프리 버틀이 2008년 세계 선수권 남자 싱글에서 금메달을 땄을 당시 쇼트 프로그램에서 사용했던 이 음악을 사실 여성 피겨 스케이팅에서는 거의 사용하지 않는다. 탱고 특유의 격정적이면서 드라마틱한 곡인만큼 4분 10초가량 쉬지 않고 안무를 필요로 하므로, 여성 선수에겐 체력적으로 부담이 크기 때문이다. 하지만, 시니어 데뷔에서도 탱고를 선택했던 김연아 선수가 그의 마지막 무대를 탱고로 마무리하려는 것은 당연한 일이다 싶고, 드라마틱한 '작별의 음악'이라는 점에서 한 시대를 대표한 피겨 여왕이 최고의 기량으로 세상에 전하고 싶은 인사가 아니었을까.

　『아디오스 노니노』가 드라마틱한 음악이라는 것은 이 곡을 작곡한 피아졸라의 개인사가 녹아있는 작품이기 때문이다. 1959년 10월, 후안 카를로스 꼬페스 무도단과 함께 푸에르토리코 순회 공연 중이던 피아졸라는 아버지 비센테가 고향에서 타계했다는 소식을 접하게 된다. 하지만 아르헨티나에 돌아갈 경비가 없던 피아졸라가 홀로 뉴욕에서 눈물을 흘리며 아버지에게 보내는 이 곡을 작곡한 것으로 전해진다. 피아졸라의 나이 38세였다. 'Nonino'는 아버지 비센테의 미들 네임이라고 얘기되기도 하지만, '아버지, 할아버지'를 뜻하는 단순한 이탈리아 애칭이며, 피아졸라와 그의 형제들이 아버지를 '노니노'로 불렀기 때문에 나온 제목이다.

　'아르헨티나 작곡가에게 왜 이탈리아 애칭이?'라고 의문을 가질 수도 있을 텐데, 피아졸라 가족이 원래 이탈리아 이민자 가족이기 때문이다. 반도네온 연주자이기도 한 피아졸라는 새로운 스타일로 독창적인 아르헨티나 탱고의 시대를 연 것으로 평가받는다. 특히, 1992년 '다섯 개의 탱고 센세이션'은 세계적으로 반향을 일으켰고, 부에노스아이레스에서 5중주단을 결성하면서 클래식과 재즈를 접목한 독창적인 새로운 탱고 스타일, 즉 '누에보 탱고(Nuevo Tango, 새로운 탱고)'를 선보였다.

『아디오스 노니노』 역시 새로운 스타일의 곡이다. 일정한 패턴이 없는 난해한 구성이지만, 사랑하는 아버지를 잃고, 가난한 음악가였던 탓에 보러 갈 수도 없는 마음을 탱고 특유의 역동성에 애절하면서도 격정적으로 담아낸 음악이다. 피아졸라에게 있어 아버지는 그의 성공의 8할을 담당한 존재로 전해진다. 피아졸라의 부친은 외아들 피아졸라를 어릴 적부터 지극히 아껴 자신의 오토바이에 피아졸라의 이름을 새기고 다녔고, 재즈와 클래식을 즐겨 듣게 하여 훗날 '누에보 탱고'의 창시자가 될 기초를 제공한 존재였다. 덕분에 피아졸라는 단순한 춤 음악에 불과했던 탱고를 진정한 음악 예술의 차원으로 올려놓았다는 평가를 받으며, 탱고 음악의 역사를 바꾸어 놓은 인물로 정리된다. 현대 음악가 존 아담스는 그의 음악을 일컬어 '어떻게 탱고 같은 작은 형식 속에 그토록 깊고 넓은 표현을 담아낼 수 있단 말인가.'라고 극찬을 하기도 했다.

　하지만 정작 탱고의 고장인 조국 아르헨티나는 이러한 피아졸라의 새로운 탱고를 그다지 달가워하지 않았던 것으로 전해진다. 일부 권위적인 비평가들과 편협한 음악 관계자들은 피아졸라를 심지어

'미친 광대나 편집증 환자'로 공격하기도 했고, 1960년대에 들어선 아르헨티나 군사 정부는 그의 음악을 너무나 진보적이라고 비난하고 경계하기까지 했다.

결국 그가 이역만리 뉴욕 땅에서 아버지를 그리워하는 음악을 눈물 속에 만들 수밖에 없었던 이유이다. 그렇게 조국을 떠나 세상을 떠돌며 총 300여 곡의 음악을 작곡한 피아졸라는 세계인들에게는 '새로운 탱고'의 세계를 열어 준 거장이 되었다. 그런 피아졸라가 1990년 파리에서 뇌졸중에 걸려 의식을 잃고 '희망이 없다.'는 선고를 받자 조국이 움직였다. 소식을 접한 아르헨티나 대통령이 보잉 707기의 일부를 중환자실처럼 개조를 지시하고 파리로 보내 고국으로 데려온 것이다. 전통을 훼손했다며 눈총과 비난을 받던 존재가 세계가 존경하는 영웅으로 돌아온 것이다. 하지만, 이미 병세가 돌이킬 수 없었던 피아졸라는 2년 후 일흔한 살의 나이로 세상을 떠났다.

안녕, 아버지. 노니노. 김연아의 아디오스는 노니노가 아닐 것이다. 스물네 살의 그녀에게 모든 것이었으며, 최고의 것이었던 피겨, 피겨 선수로서의 삶, 크나큰 사랑을 준 세계인들과 열렬히 응원하고 힘이 되어 준 내 나라의 모든 이들에게, 그리고 자신에게 보내는 '안녕히!' 가 아닐까. 빛나던 그녀의 피겨 인생에 큰 찬사를 보내며 앞으로 펼칠 김연아의 새로운 삶 역시 아름답고 빛나는 것이기를 깊이 기원한다.

CD

- 피아졸라 – 아디오스 노니노 外, 볼리바르 솔로이스츠 / *Berliner Meister*
- Piazzolla y su Quintet – Adios Nonino / Astor Piazzolla y su Quinteto / *Trova*
- 피아졸라 – Adios Nonino, 살바토레 아카르도, 오케스트라 다 카메라 이탈리아나 / *Fone Classics*
- 피아졸라 – 탱고 작품집 / *아스토리아 앙상블* / *Rewind*

나를 기억에 묻고, 너를 그 위에 다시 묻는다

피아졸라
망각

마르코 벨로치오의 영화 〈엔리코 4세〉, 왕자웨이의 〈해피 투게더〉, 곽경택의 〈사랑〉, 김연아의 갈라 무대, 마틴 브레스트의 〈여인의 향기〉, 기돈 크레머. 이쯤 하면 떠오르게 되는 것, 아마 '탱고'일 것이다. 또한, 이 탱고와 함께 아스토르 피아졸라와 기돈 크레머의 이름을 떠올릴 수 있다면 '탱고 좀 안다.'고 할 수 있을 것이다.

탱고라면 탱고 음악의 대표 격인 「라 쿰파르시타」 정도만 떠올리던 시절이 있었다. 유감인 것은 이 멋진 탱고 음악이 한동안 우리나라에선 저급한 카바레 음악 정도로 인식되어왔다는 점인데, 이러한 오류를 확실하게 바로잡아 준 존재가 바로 탱고의 전설 피아졸라이다.

오페라 역사에서 마리아 칼라스의 존재를 칼라스 이전(B.C.^{Before} ^{Callas})과 칼라스 이후(A.D.^{After Diva})로 나누는 것처럼, 탱고의 흐름에서 피아졸라의 이름은 피아졸라 이전과 이후로 나뉜다. 춤을 추기 위한 배경 음악에 지나지 않았던 탱고를 듣는 음악, 즉 감상용, 연주용 음악으로 격상시켜 오늘날 전 세계인이 그 애수와 진한 페이소스^{Pathos}의 음악으로 즐기게 만든 주인공이 바로 그이기 때문이다.

탱고는 1880년경 아르헨티나 부에노스아이레스의 동남쪽에 위치한 항구 도시 보카^{Boca}에서 탄생한 음악이다. 19세기 말에서 제1차 세계 대전 전까지 보카를 통해 유럽으로부터 엄청난 수의 이민자들이 아르헨티나로 모여들었고, 그들 속에서 유럽풍의 무곡과 아프리카계 주민의 민속 음악이 혼합되어 태어난 것이 탱고이다. 가난한 아르헨티나의 노동자들이 추었던 탱고는 태생적으로 애수와 짙은 슬픔을 가지고 있다. 머나먼 이국땅에서 가족과 고향을 그리며 독한 술로 하루의 시름을 달랬던 유럽 이민자들은 유럽 본토에서는 들으려야 들을 수 없는 전혀 다른 춤과 전혀 다른 음악을 만들어 내었다. 하지만 환영을 받는 음악이 아니었다. 이렇듯 처음의 탱고는 그것을 만들고 즐기는 노동자들도 천대했던 음악이다.

하지만 이후 탱고는 변화한다. 1차 세계 대전 후 탱고는 아르헨티나의 빈민가와 매춘 굴을 벗어나 카바레와 극장으로 퍼져 나갔으며, 20세기 초부터 상류층들을 중심으로 파리와 유럽의 대도시로 유행처럼 번져 나갔다. 이 과정에서 아르헨티나의 정열적이고 다소 선정적인 탱고는 유럽풍의 우아한 스타일로 변화했는데, 이것을 아르헨티나의 탱고와 구별하여 '콘티넨털 탱고'라 부른다. 현재 널리 연주되고 춤추는 탱고의 대부분이 바로 이 '콘티넨털 탱고'이다.

이러한 탱고를 반도네온 연주자이며 작곡가였던 피아졸라가 독창적 화음의 개념을 이끌어 와 탱고에 새로운 차원을 제시했는데, 이것이 그의 새로운 탱고 즉 '누에보 탱고'이다. 전통적인 탱고를 기반으로 하되 그 위에 재즈와 클래식을 접목한 피아졸라의 새로운 탱고는 당시 탱고 뮤지션들에게는 이단 취급을 받았으나, 현재는 탱고의 르네상스를 연 획기적인 시도로 인정받으며 많은 연주자들이 즐겨 연주하는 음악으로 부상했다.

그렇다면 기돈 크레머의 이름은 왜? 카라얀이 '현존하는 가장 위대한 바이올리니스트'로 꼽은 라트비아 출신의 거장 바이올리니스트 크레머는 피아졸라의 탱고를 클래식화 하고, 클래식 장르로 끌어올린 주인공이다. 그가 1996년에 내놓은 음반『피아졸라 예찬』은 단숨에 세계를 '피아졸라 탱고 열기'에 휩싸이게 했고, 이탈리아의 안토니오 비발디가 남긴 불후의 명곡『사계』와 피아졸라의『부에노스아이레스의 사계』를 묶은 '팔계' 연주와 음반으로 세계 음악계에 큰 센세이션을 불러일으켰다.

이 기돈 크레머의 명연주와 피아졸라의 마지막 곡으로 많은 이들의 사랑을 받는 곡이 바로 「망각Oblivion」이다. 일렉트로니카 탱고와 전통 탱고가 혼합된 누에보 탱고의 대표적인 곡이다. 탱고지만 오히려 탱고 특유의 느낌과는 다른 진한 애수의 선율 때문에 '전혀 탱고를 닮지 않은 곡'으로 꼽기도 한다. 인기를 반증하듯 많은 연주자들에 의해 여러 악기로 편곡·연주되고 있어 요즘 우리가 쉽게 접할 수 있는 연주들은 오히려 오리지널 버전이 아닐 경우가 더 많을 지경이다.

이 곡의 느낌에 대해선 기돈 크레머의 피아졸라 예찬 속 언급으로 설명하는 것이 가장 어울릴 것이다.

> 피아졸라와 사랑에 빠지는 것은 내게 특별한 무엇이다. 사랑에 빠진다는 것은 언제나 특별하지만, 음악과 사랑에 빠지는 것은 그 무엇보다도 더 특별하다. 음악과의 사랑은 당신에게 이전에 전혀 해 본 적이 없는 무엇인가를 하도록 이끌고, 사람들에게 들리는 현대 음악의 영역을 확장할 여지를 준다. 내게 있어서 음악은 단지 이해되는 것이 아니라 느껴져야 하는 것이다. 그의 음악을 통해 당신은 인간 존재로서의 경험, 살아있는 생물의 경험, 당신을 기쁘게도 하고 동시에 슬프게도 하는 느낌을 경험할 것이다.

하지만 피아졸라 특유의 반도네온 곡조를 진정으로 뽑아낸 곡은 단연 「망각」이다. 피아졸라 자신도 이 곡을 말년에 가장 사랑했다고 전해지는데, 이 음악을 두고 그가 말한 대목이 인상적이다.

> 모든 인간의 행위에는 망각이 필요하게 마련이다.
> 살아 숨쉬는 유기체의 생명에는 망각이 필요하다.
> 모든 것은 스쳐 지나가는 것이 아니라
> 내 기억 속에 묻혀 잊혀지는 것 뿐이다.
> 나를 기억에 묻고 너를 그 위에 다시 묻는다.

미래를 예측했던 것일까? 「망각」을 남기고 피아졸라는 1990년 프랑스에서 쓰러진 뒤 1992년 고국인 아르헨티나에서 사망했다. 어쩌면 그는 죽음이라는 것이 결국 잊혀짐이라는 것을 깨달았던 것이고, 그것을 담담히 받아들였던 것인지도 모른다. 그렇게 망각되기를 바랐을 수도 있고. 하지만 그는 틀렸다. 그가 세상을 떠난 지 20여 년이 흘렀지만 오히려 그는 더 또렷이, 더 위대하게 기억되는 존재로 살아 있다. 사람들은 결코 그를 망각해 버릴 수 없는 것이다. 그의 탱고, 그 아련하고 마음을 휘감아 오는 우울의 선율을 즐기는 한 말이다.

CD
- 나는 전설이다 - 아스토르 피아졸라 / *SonyMusic*
- 기돈 크레머 - 피아졸라 녹음 전곡 / *NONESUCH*
- 아카르도 - 피아졸라: 망각 / 아카르도 지휘, 오케스트라 다 카메라 이탈리아나 / *Fone Classics*
- 피아졸라 - 부에노스아이레스의 마리아, 오블리비온 외, 베르수스 앙상블 / *NAXOS*
- 김지연의 프로포즈 / *Universal*

DVD
- 아스토르 피아졸라의 초상(Astor Piazzolla in Portrait) / *BBC*
- 리샤르 갈리아노 - 피아졸라 포에버 콘서트 (THE ART OF JAZZ) / *Dreyfus Piazzola*
- 바렌보임 - Tango Argentina / *Various Artists*

평화와 화합의 꿈을 남긴 이 시대 최고의 마에스트로

거슈윈
파리의 아메리카인

지난 2014년 또 한 사람의 마에스트로가 우리 곁을 떠났다. 로린 마젤. 같은 해 깊은 아쉬움 속에 부음을 알렸던 클라우디오 아바도 이후 또 하나의 안타까운 상실이다.

로린 마젤의 대변인은 '로린 마젤이 2014년 7월 13일 향년 84세의 나이로 미국 버지니아주 캐슬턴에 있는 자신의 농장에서 연례 페스티벌을 준비하던 중 폐렴으로 인한 합병증 증세로 사망했다.'고 밝혔다.

마젤은 카라얀 이후 '포디엄 위의 마지막 폭군', '우리 시대 마지막 마에스트로'로 추앙받으며 현대 클래식 음악을 이끈 거장이다. 유대계 미국인인 그는 1930년 음악가 집안에서 태어나 9세에 뉴욕 세계 박람회에서 인터라켄 교향악단을 지휘해 일찍이 신동으로 이름을 날렸다. 이후 70여 년에 걸친 지휘 인생에서 200여 이상의 교향악단을 이끌었고, 7천 번이 넘는 공연을 지휘했으며, 베토벤, 멘델스존, 브람스, 말러 등 300개가 넘는 작품을 음반으로 녹음했다. 특히, 지휘자에게 는 '신의 축복'이라 할 수 있는 천재적 암보력을 기반으로, 정확한 테크닉과 감각적인 표현력, 수학과 철학을 전공한 경력에서 오는 냉철한 분석력, 수많은 오케스트라를 조련해 본 경험에서 우러나오는 독보적 장악력과 행정력 등으로 풀어낸 마젤의 지휘는 왜 우리가 그의 타계를 '깊은 상실'로 느끼는지를 설명하는 대목이다.

마지막까지 그가 준비하던 캐슬턴 페스티벌은 버지니아 캐슬턴에 있는 자신의 농장에서 2009년부터 열고 있는 음악 축제이다. 특히 2008년 역사적인 평양 축제 이후 대한민국의 남북통일에 깊은 관심을 갖고 있던 마젤이 평양국립교향악단 피아니스트 출신인 탈북자 김철웅을 초대한 바 있다. 2012년에는 탈북자 신동혁과 조은혜가 참가해 북한의 인권 실태를 알린 특별한 축제이다. 우리에게 마젤의 의미가 특별히 남다른 대목이다.

2008년 2월 미국인 예술가로는 최초로 북한 평양에서 '역사적인 평양 공연'을 이룩해 낸 주인공이 바로 로린 마젤과 뉴욕 필하모닉이다. 미국과 중국의 핑퐁 외교Ping-Pong Diplomacy에 빗대 '싱송Sing Song 외교'라 불리기도 했던 평양 공연은 한반도에 평화와 희망을 전파한 위대한 사건이었다. 당시 마젤은 북한의 인권 실태와 안전을 이유로 북한행에 반대하는 미국 내 여론에 맞서 설명회와 강연을 잇달아 열면서 연주를 강행했다. 그는 〈월스트리트 저널〉 신문 기고문을 통해 "예술은 전적으로 무정치, 무당파이며, 특정 현안과 연계되어서도 안 된다."며 공연 결정을 옹호했다. 드보르자크의 『신세계 교향곡』,

흔히 「결혼 행진곡」으로 불리는 바그너의 『로엔그린』, 조지 거슈윈의 『파리의 아메리카인』, 레너드 번스타인의 『캔디드』와 「아리랑」이 연주된 이날 공연에서 특히 인상적인 것은 거슈윈의 『파리의 아메리카인』이었다.

마젤은 이 곡의 지휘에 앞서 미국인이 파리를 찾았을 때의 감동을 전하며 평양을 찾은 미국인의 마음을 빗대어 설명했다. 『파리의 아메리카인』은 1923년 난생 처음으로 파리를 방문한 조지 거슈윈의 대표작이다. 첫눈에 이 도시와 사랑에 빠진 거슈윈은 샹젤리제 거리를 산책하는 동안 카페에서 흘러나오는 댄스 음악과 자동차 클랙슨 소리 등 파리의 갖가지 모습에서 영감을 받아 파리를 배경으로 한 교향시 『파리의 아메리카인』에 대한 아이디어를 떠올리게 된다. 일종의 자전적 스케치와도 같은 작품이 탄생한 셈인데, 감미로운 에스프레소 같은 파리의 색채와 더불어 뉴욕에 대한 향수가 블루스라는 중요한 모티브와 브로드웨이의 댄스 음악 등으로 어우러지는 매력적인 곡이다.

이전의 작품 『랩소디 인 블루』와 『피아노 협주곡 F장조』와 비교했을 때 음악적으로나 내용적으로 훨씬 세련된 발전을 보인 곡이고, 기다가 거슈윈이 자신의 음악에 반드시 포함시켰던 피아노를 사용하지 않았다는 점 등은 파리가 거슈윈에게 얼마나 큰 영향을 미친 곳인지 알 수 있다. 거슈윈 역시 이 곡에 대해 "이 새로운 작품은 실질적으로 랩소디 풍의 발레로서 자유로운 형식이자, 이전에는 시도한 바 없는 현대적인 작품이다. 시작부는 드뷔시 같은 전형적인 프랑스 스타일이지만 주제는 모두 독창적인 것이다. 이 음악에서 나는 파리를 방문한 한 아메리카인이 도시를 산책하고, 거리의 다양한 소음을 들으며 프랑스의 공기를 들이마셨을 때의 인상을 음악으로 그리고자 했다."고 술회했다.

　새삼 이 곡을 지휘하면서 마젤이 머릿속으로 그렸을 그림들이 떠올려진다. 그리고, 그 그림들을 완성하고자 열정적인 행보를 이어가던 마에스트로의 정성이 깊은 울림으로 다가온다. 그의 간절한 꿈을 이루어 주지 못한 우리들의 부족함도…. 아름다운 곳에서 편히 쉬시길. 그곳에서도 마젤은 지휘봉을 놓지 않을 것 같다. 천상의 화음을 드디어 그려낸다는 기쁨에 활짝 웃으며 말이다. 아듀! 마에스트로!

p.s. 감상을 원한다면

CD
- 네빌 마리너 지휘, 베를린 방송 교향악단 / *Crystal Classics*
- 레너드 번스타인 지휘, 뉴욕 필하모닉 오케스트라 / *Alto*
- 쿠르트 마주어 지휘, 라이프치히 게반트하우스 오케스트라 / *Berlin Classics*
- 앙드레 프레빈 지휘, 런던 심포니 오케스트라 / *EMI Classics*
- 마이클 틸슨 토마스 지휘, 뉴욕 필하모닉 / *SONY*
- 제임스 레바인 지휘, 시카고 심포니 오케스트라 / *DG*

클래식을 사랑하는 당신에게

저자 최영옥

발행일 2024년 3월 25일

편집진행 윤영란, 황세빈 **• 디자인** 김은경
마케팅 현석호, 신창식 **• 관리** 남영애, 김명희

발행처 (주)테림스코어
발행인 정상우
출판등록 2012년 6월 7일 제 313-2012-196호
주소 서울시 은평구 증산로 9길 32 (03496)
전화 02)333-3705 **• 팩스** 02)333-3748

ISBN 979-11-5780-384-2-03670